ながーきしたけりゃ

居場所が9割

NPO法人「老いの工学研究所」理事長
川口雅裕

JN093086

みらい PUBLISHING

第2章　今どきの高齢者の健康、体力、心理、本音

第3章　幸福な高齢期の生き方のそれぞれ

第4章 楽しく、幸福な高齢期は「環境次第」

第5章 高齢期に相応しい環境の整え方

第6章　高齢期の住み替えのススメ

第7章　幸福な高齢期を生きるために

はじめに

高齢者を惑わせたり不安にさせたりする妙なデータや理屈が多すぎる。私は、よく思います。その最たるものが、健康寿命と老後2千万円問題に関するものです。本書で後述しますので、ぜひしっかり理解をして欲しいと思います。

他にも、病気、要介護、認知症、自動車事故、孤独死、相続での争いごと等々についての不安をあおるばかりの宣伝があふれ、新聞記事やテレビ番組でもわざわざ酷いケースを探してきては深刻な問題として取り上げます。日々、そんな情報に囲まれていると、ついつい大多数がそんな状況に陥ってしまっているのだろうかと不安になるのも仕方ありません。超高齢社会をビジネスチャンスと捉えるのは自由ですが、不安をできる限りあおってモノやサービスを売ろうという事業者が多すぎるように感じます。

高齢者は知っている

とはいえ、高齢者があおられるままに恐れ、おびえているというわけではありません。

講演などでこんな質問をします。

「高齢期の健康は、どうすれば実現すると思いますか？」

「サプリメントを飲むことですか？」と訊いて、手を挙げる人は誰もいません。「では、脳トレをすることですか？」と尋ねても同じで、ほとんど反応はありません。「じゃあ、病院に行くことですか？」と訊くと、手は挙がりますが、ちらほらといった程度です。

圧倒的に手が挙がるのは、「歩くこと、食べること、しゃべること、人と会うこと、楽しむこと」です。つまり高齢者は、健康寿命を延ばすのは運動と食事と交流であり、テレビや雑誌や宣伝チラシがいくらあおってもそれ以外にないと、とっくに知っておられるのでしょう。

高齢者の生き様は変わってきている

私が理事長を務めるNPO法人「老いの工学研究所」は、「老いることを誰もが恐れずに楽しめ、憧れるような、いつまでも活力のある社会を作り上げること」を目的に設立した、高齢期の暮らしのシンクタンクです。2万名に近い協力会員の方々を対象とした調査活動、大学との共同研究、それらの知見をもとにしたシニア向けの商品やサービスを提供する企業などへのアドバイス、講演などを行ってきました。理論と実際の両方、商品やサービスの提供側と受け手側の両方に目配りし、分かりやすい情報にした上でさまざまな機会を通して発信しています。２０１２年の設立ですが、それから11年が経過して高齢者も変わってきました。

第一に、「健康観」が変わりました。身体だけ健康でも意味がない、心や社会的つながりといったことも含めて生き方全体が問われていると認識する人が増えました。今の言葉でいうと、well-being を意識するようになってきています。

次に、死ぬまでの期間の長さを意識し、現役時代に一区切りをつけて高齢期の生き方を考えようとする人たちが出てきました。「余生」には、余りもののような短い時間といったニュアンスがありますが、そういう感覚は徐々になくなりつつあります。今や高齢期は20~30年が想定される長い期間で、自分らしく楽しむべき時間であるという感覚です。現役の延長ではなく、切り替えて高齢期を生きようとする姿勢が感じられるようになってきました。

三つ目は、交流や社会参加を重視する人が増えたことです。講演会では特に閉じこもりがちだった男性の参加者が明らかに増えましたし、コロナ禍において行動自粛がいかに心身に悪影響を及ぼすかを身をもって知った人たちが意識して外出と交流をするようになった感もあります。交流や社会参加が要介護・抑うつ・死亡のリスクを軽減する、運動や食事や趣味は一人でするより誰かと一緒にするほうが健康維持につながりやすい、といった研究成果が次々に発表されていることも影響しているのかもしれません。

要するに、身体的な衰えを嘆き、病気などにおびえながら耐えていくのが高齢期だと考えるような人は減ってきて、老いを受け入れた上で生き様を重視し、社会参加や交流に目を向けようとする人が増えているということです。

分かっているけど、実践できないのはなぜか

このように、怪しい情報に惑わされず、社会参加や交流の機会を増やすことなどによる暮らし方の充実で、長い高齢期をより良いものにしていこうという意識はかなり浸透してきました。しかしながら、実際に思うような暮らしができている人は多くありません。頭では分かっているけれども、思っているような高齢期をなかなか実現できない状態といえるでしょう。

その理由は、高齢期に相応しい環境が整っていないことにあります。突き詰めれば、「仲間」が少ないことです。仲間とは、趣味や運動を一緒に行う、関心や話題を共有す

る、集団を形成して役割を担う、互いの言動の中に共通する常識や価値観を確認できる、心身の痛みやつらさを理解し合える人。郊外や過疎地ではそもそも人があまりいなかったり、仲間がいても物理的に距離があったりするでしょうし、都市部でも地域コミュニティが崩れている現代では、近所に住んでいてもまともに会話をしたことがなく、仲間がほとんどいない人も多いはずです。

私は素質論（持って生まれたもので行動が決まる）や運命論が嫌いな、環境論者です。人の行動は環境によって大きく左右されるから、どのような環境に身を置くかが極めて重要だと考えています。親が子どもを〝いい学校〟に入れたいと思うのは、子どもをいい環境に置きたい、いい環境に置けばいい習慣が身に付き、いい結果が出る可能性が高いからだと考えるからでしょう。そう思ったことがある人は私と同じ環境論者ですから、高齢者は高齢期に相応しい環境に、仲間ができやすい環境に置くべきだという意見に賛同していただけるでしょう（実は私がいうまでもなく、高齢期の健康や幸福感が環境によって大きく左右されることはすでにさまざまな研究が明らかにしています）。

本書は、さまざまなデータや研究結果を紹介しながら、高齢期に相応しい環境と、その重要性を理解していただくとともに、高齢者にとっての優れた環境探し・環境づくりの具体的なポイントをお伝えすることを目的としています。どんな環境に身を置けば、身体も心も社会的つながりにも問題のない幸せな高齢期が実現するかについて詳しく述べていきます。したがって、医学的な視点から「個人の身体面」だけに焦点を当てた書物とはまったく異なる視点の話となります。

本書のメッセージが、人生の最終盤を自分らしくイキイキと、そして心身ともに健やかに暮らすきっかけになれば幸いです。

第1章

「高齢者」「高齢期」をどう考えるべきか

1. 高齢者はお荷物なのか

「高齢者は老害化する前に集団自決、集団切腹みたいなことをすればいい」。経済学者・成田悠輔氏の発言が話題となりました。議論するに値しない発言とはいえ、高齢者を単なる〝お荷物〟のように見ている、彼ほど過激ではないものの似たような考え方の人もいるのだと思います。

確かに高齢者は、現役世代の負担によって支えられる側になりますが、それは、高齢者が積極的に支えられる側に回ろうとしたのではなく、そもそも、国としてそのような制度設計をし、それを放置してきたことが原因です。

超高齢社会になるのは何十年も前から分かっていたにもかかわらず、例えば、企業の「定年退職制度」を法的に容認し続け（欧米の多くの国では禁止されています）、年齢を理由にまだまだ働ける人を辞めさせ続けた結果、労働や収入を得る機会を失って、支えられる側に回らざるを得なくしたわけです。

今になって「リスキリング」などといっていますが、何十年も前から中高年の再教育に予算を割いて注力していれば、生涯現役で働ける人はもっと増えたはずです。それに、リタイア後の社会参加の機会を提供する努力も不十分でした。ボランティアや地域活動、収入を伴う労働などに関する情報提供は、今もおおむね民間任せで、元気なシニアの居場所や活躍の場の不足は続いています。

要するに、高齢者には「できる限り助けを借りず、自立して暮らし続けよう」「世の中の役に立とう」としている人が多いのに、機会や支援を提供せず、〝お荷物〟のように扱うのはひどい話だということです。〝お荷物〟のようになってしまっている高齢者がいるとすれば、それは機会や支援を提供しなかった結果といえるでしょう。

つけ加えると、「高齢者が病院に行きすぎるので、医療費が過剰になっている」とよく言われますが、それは、高齢者が好き好んで病院に行っているからではなく、医療業界や病院が高齢者をターゲットとしたビジネスを強化しているためといっても過言ではありません。

高齢者の自助努力を評価すべき理由

高齢者の交通事故の問題もよく話題に上りますが、交通事故は高齢者に多いわけではありません。警察庁が発表した「令和3年中の交通事故の発生状況」を見ると、免許保有者10万人当たりの交通事故件数は、75～79歳で390・7件となっており、25～29歳の424・9件を約1割下回っています。80～84歳で429・8件、85歳以上で524・4件と増えますが、それでも20～24歳の605・7件よりは少なくなっています。

また、年次推移でみると、免許保有者10万人当たりの事故件数は、2011年に80歳以上で約1000件であったものが、年々減少して、2021年には429・8件（80～84歳）、524・4件（85歳以上）となっています。10年程度で交通事故を半数まで減らした高齢者の実績は、評価されるべきだろうと思います。

そして、スポーツ庁は「体力・運動能力調査（平成30年度）」を受け、高齢者（65～79歳）の体力・運動能力について「握力」「上体起こし」「開眼片足立ち」「6分間歩行」など、ほとんどの項目で上昇傾向にあるとしています。具体的には、「開眼片足立ち」で立っていられる時間は、75歳女性で平成10年の約35秒から、平成30年には約60秒まで伸びました。「6分間歩行」も同様に、約480メートル（平成10年）から約540メートル（平成30年）となっています。

青少年（6～19歳）ではやや低下傾向、成人（20～64歳）ではおおむね横ばいとなっている中、高齢者の体力だけが右肩上がりになっているのは、さまざまな要因があるでしょうが、現役世代の世話にならず、自立生活を継続していこうという意欲の表れだろうと思います。

その結果、日常的にサポートが必要になる「要介護2」以上の人の割合は、80代後半で23％に過ぎません。90歳を超えても、その割合は45％です（「令和3年度　介護保険事業状況報告」から筆者計算）。これは、80代後半で4人に3人、90歳超で約半数が自立生活をしているということであり、その自助努力は評価に値すると思います。

もちろん、〝老害〟としかいいようのないケースも見聞きしますが、それは一部の人であって、高齢者全体に当てはめるのは適切ではありません。ごく一部の若者の犯罪や非行を取り上げて「今どきの若い者は……」というのがおかしいのと同じことです。

先述したように、まずは高齢者を「支えられる側」に閉じ込めてしまった経緯を反省し、改善に着手すべきです。そして、高齢者が行っている努力は評価しなければなりません。それでも高齢者を一方的に責めるのであれば、それは「いつか自分も高齢者になる」という当たり前の自覚が欠けているのだと思います。

2. 「高齢者観」が高齢者を弱らせる?～日米の大きな違い～

ある高齢女性から、筆者宛てにこのようなメールが届きました。

「80歳を迎えたのを機に、50年間のアメリカ生活を終えて日本に帰国しました。日本社会は高齢者に親切にする精神が高く、感心です。一方で、子ども扱いをするような〝優しさ〟もあり、私も期待される像に沿って〝子ども〟のように振る舞ってきました。例えば、小股で頼りなげに歩くとか。

アメリカ社会では、子ども扱いは期待できないので、脚を伸ばしてできるだけ、(1人で歩けることを示す)独立的姿勢になります。こうした行動が精神的健康と関係があるのかどうか、時々考えます」

このメールの内容は、米国の教育心理学者・ローゼンタール氏が提唱した「ゴーレム効果」を思い出させます。周囲の期待が低いと、その人の行動は周囲の期待に合わせるように劣化してしまうというものです。その反対は、これもローゼンタール氏が提唱した「ピグマリオン効果」で、期待が高いとその期待通りにパフォーマンスが上がっていくようになる傾向をいいます。

例えば、指導する教師に「彼らは優秀な生徒だ（実際にはランダムに抽出した生徒たち）」と言って任せると成績が上がり、逆のことを告げると成績が下がったという実験結果があります。人は、周囲の期待に影響を受け、それに合わせた言動をしたり、期待をくみ取ってそのように行動したりするようになるわけです。

米国では、年をとっても「自立した大人」として扱うが、日本では「子ども扱い」するので、高齢になると〝子ども〟のようになっていく――。先述の女性は、「精神的健康と関係があるのかどうか、時々考えます」と言いますが、精神面だけでなく、肉体的な面でも好ましいはずがありません。

もちろん、日本における「子ども扱い」が、悪気があって行われているものではない（むしろ善意で行われている）のは間違いありませんが、日常の用事や動作などのあれこれを「（まるで子どものように）できない人」とみなして周りがやってしまえば、身体機能や認知機能が衰えたり、自立心や意欲が低下していったりするのは自然なことです。簡単にいえば、「子ども扱い」は健康寿命を縮める方向に作用します。

確かに、高齢になるとできなくなること、難しくなることがだんだんと増えてきます。したがって、手助けが必要になってきますが、必要なときに必要な分だけのサポートを行うのが肝要であって、本人ができることまで何でも周りがやってしまう（＝子ども扱いする）のは本人の残存能力を低下させるだけでなく、尊厳も傷つけかねません。

「健康寿命を延ばすこと」は、現在のわが国における大きなテーマの一つです。そして、国や地方は高齢者の健康維持について、「運動・食事・交流」の三つを重点テーマとして取り組んでいます。しかし先述のメールを見ると、もっと根本的な部分で、高齢者を弱らせてしまっている「高齢者観」という問題がありそうです。

日本の「高齢者観」の見直しが不可欠

「高齢者は弱く、守るべき存在である」という考えを持つ人と接し続けていると、高齢者は徐々に〝守ってもらう対象〟として相応しい行動を取るようになり、心身が衰えていきます。老人ホームや介護施設に入ると、自分で何もしなくなるので衰えが早まるという話（すべての施設がそうというわけではありません）はよくありますが、施設ではなくても、高齢者を弱者とみなして「子ども扱い」していると、同じように認知機能や身体的な機能・能力が衰えていきます。

運動・食事・交流は大切ですが、「高齢者には難しいだろう」と勝手に決めつけて、軽すぎる運動しかさせない、やわらかくかみやすい食事ばかりを出す、ワクワク感のない平凡なコンテンツしか提供しない……といったことだと、十分な健康効果は得られないでしょう。

これから、日本人の健康寿命をさらに延ばしていくには、根本的な「高齢者観」の見直しが不可欠です。高齢者は弱者なのか、守るべき対象なのか。できるのに「できない」「難しいだろう」と決めつけていないか。その結果、良かれと思ってやっている行動が、かえって高齢者の健康を損なうことになっていないか。一人一人が、このような問いを持つべきだと思います。

心身の衰えや、〝キレる〟といった規範意識の低下など、高齢期にパフォーマンスが落ちるのは、私たちが「期待していないから」かもしれません。大切なのは「高齢者観」を大きく切り替えること。そうして獲得できる「高齢者に大いに期待し、その能力を発揮してもらう」という態度は、3割に迫ろうという高齢化率を考えれば自然なことであり、同時に、健康寿命を延ばすことにもつながるのです。

3.「健康な高齢化の10年」提言から考える、私たちの課題

2020年、世界保健機関（WHO）が「健康な高齢化の10年（2020~2030年）」を提言しました。世界的に高齢化が進展していく中で、国によってその対応や準備の状況に差があり、その結果、高齢者の健康状態（身体だけでなく、精神的、社会的にも問題がない状態という意味の well-being）や経済的な側面などに大きな格差や不平等が生じていることに対して、世界各国が協調して問題解決を図ろうとするものです。

そして、「行動領域」として4点を挙げています。

①年齢や年をとることに対する、私たちの考え方、感じ方、行動の仕方を変えていく。
②高齢者がその能力を伸ばし発揮するためには、コミュニティが重要であるということを皆が理解・共有する。
③身近な専門家と総合的なサービスの両方を、高齢者の個別のニーズに応じて提供する。
④必要な高齢者には、介護サービスや介護施設を提供する。

④は介護保険制度のような仕組みの整備を含めて介護サービスや施設が整っていない国々を念頭に置いたもので、日本にはあまり関係がないものといえますが、①から③は私たちもしっかり反省し、実現に向けて努力しなければならないものです。

〝標準的な高齢者〟は存在しない

①「年齢や年をとることに対する、私たちの考え方、感じ方、行動の仕方を変えていく。」は、端的にいえば年齢差別をやめようという意味です。差別というと差別に該当する言動だけを指すように感じがちですが、どう感じるか、どう考えるかという具体的な言動に至るきっかけも含めて差別的でないかを自省する必要があります。高齢者というだけで、弱い人、寂しい人、貧しい人といった印象を持つ人は少なくありませんが、具体的な言動に移さなくてもそのように思うことが差別の芽になっていることは無視できません。

病院などで、職員が幼稚園児に向かってしゃべっているのかと思って振り返ったら、その相手はおばあちゃんだったという経験はないでしょうか。幼稚園でやるようなお遊戯を、お年寄りを集めてやっている映像を見て違和感を覚える人も多いでしょう。介護度や高齢者のニーズにもよるとはいえ、また本人に悪気はないとはいえ、私には差別的としか思えません。そこには、年齢や高齢者というだけで画一的にその人を判断してしまうという問題があると感じます。

〝標準的な高校生〟というのは分からなくもありませんが、〝標準的な高齢者〟という像はイメージできませんし、実際に存在しません。高校生の年齢幅は3年くらいですが、高齢者の年齢の幅は30年を超えています。健康状態も経済的状況も家族状況も、高校生と高齢者ではその幅はあまりに違います。高齢者とひとくくりにするのはそもそも無理があるし、ひとくくりにして考えようという発想が年齢差別につながってしまうことを理解する必要があります。

高齢者の能力を引き出すコミュニティを作ろう

②「高齢者がその能力を伸ばし発揮するためには、コミュニティが重要であるということを皆が理解・共有する。」は、年齢差別の問題と関係していますが、まずは、「高齢になると能力は低下していく」という誤った認識を正さなければなりません。若い頃に〝賢い〟とされた要素、例えば単純な情報処理や計算能力や記憶力など（受験で求めら

れる力）が衰えていくだけで、語彙力や知恵、知識は増え続けますし、表現する力、観察・洞察する力は決して衰えません。〝賢さ〟の観点や分野が異なるだけです。

その上で、高齢者の能力の伸長と発揮に欠かせないのがコミュニティの存在であると言っています。学ぶ機会があるから能力が伸び、披露する機会があるから発揮できるので、当たり前といえばそうなのですが、現実はそのような機会は十分とはいえません。特に、発揮する機会は限られており、得意なこと、よく知っていること、地域社会や若い世代の役に立つ知見といった貴重なものが高齢者の中に眠ったままになっています。

その意味では、高齢者の方々が持っている能力や知見や経験が登録されており、広く社会から、それらを求める人たちがアクセスしてくるような仕組みが必要で、これから求められるのはそんな「高齢者の能力と社会のお困りや期待をつなぐコミュニティ」だと思います。もちろん、井戸端会議のような集いの場も大事ですし、ボランティアやシルバー人材センターのような働ける場の提供も大事ですが、深く、多様な高齢者の持つポテンシャルに注目し、それを引き出し、社会に活かしていけるような取り組みについても検討する必要があると思います。

プライマリーケアとニーズに合わせたケア

③の「身近な専門家と総合的なサービスの両方を、高齢者の個別のニーズに応じて提供する。」という観点では、二つだけ問題を指摘したいと思います（二つしか問題がないという意味ではありません）。

まず、身近な専門家と私は訳しましたが、原文は「プライマリーケア」です。プライマリーは「最初の」という意味で、必ず医師が担う役割というわけではなく、「近くにあって」「どんな訴えにも対応できて」「地域の医療や介護の機関との連携が可能で」「継続的に責任を持った応対」ができれば、それはプライマリーケアといえます。日本には、かかりつけ医と呼ばれるものがそれを担う流れにありますが、日本の医師には、何でも対応できるように訓練された欧米の「家庭医」に相当するような人は少ないので、専門外のことは分からない（よく分からないので大きな病院を紹介するだけで、かかりつけ医としての機能が不十分）というケースがあります。これでは、プライマリーケアを十分に行き届かせるのは難しいでしょう。

もう一つは、「高齢者の個別のニーズに合わせて」という部分で、すなわち、誰に対してでも同じような（過剰な）ケアを施すのは良くないという意味です。確かに、皆に同じケアを提供するほうが簡単ですし、効率的です。必要のない人にまでケアをしたほうが、儲かるでしょう。しかしそれは、高齢者の尊厳に関わりますし、できるのにさせてくれないのは衰えにつながりますし、財政的な視点からも問題があります。ケアというのは、必要な人が必要なときに、必要なだけ提供されるようにすべきですし、サービスの受け手としてもそのように心掛ける必要があります。

4．超高齢社会に相応しい「敬老」のあり方

「敬老の日」を考える

「多年にわたり社会につくしてきた老人を敬愛し、長寿を祝う」という趣旨で、「敬老の日」が9月15日に定められたのは1966年（現在は9月の第三月曜日）。それから60年近く経って、同じ「高齢者」といってもその姿やありようは大きく変わりました。

1966年頃といえば戦争終結から約20年後ですから、そのときの高齢者は実際に戦地に赴いたり、必死の思いで家族を守ったりして生き延びた人たちです。作家の五木寛之氏が、子どもの頃に親と一緒に朝鮮半島から命からがら引き揚げてきた話をよく書い

ておられますが、当時の高齢者は1932年生まれの五木氏の親世代に当たります。したがって、「高齢者」という言葉には、〝戦争で大変な苦労をしてきた世代〟〝復興を果たした世代〟に対する慰労や感謝の意味合いが多分に含まれていたでしょう。「敬老の日」が定められた背景には、戦後復興から東京オリンピックという一つの達成感を得て、改めてその苦労に報いたいという想いが社会全体にあったのではないかと想像します。

当時の高齢化率（全人口に占める65歳以上の高齢者の割合）は約6％でした。おおよそ17人に1人です。数少ない存在ですから、それが自然に有難みや尊敬、皆で大切にするといった意識につながったでしょう。地域コミュニティが機能していたので、高齢者には年中行事や冠婚葬祭などがあるたびに、あるいは子育てや家事などに関して次世代に知恵や経験を授けるという役割もあり、頼りになる存在としても意識されていたはずです。

一方で、17人に1人という少なさですから、同世代の友人はなかなかできません。日常的に昔話に花を咲かせることができる友人、同じ趣味を楽しむ人、同じつらさや痛みや喪失感を共有できる仲間は、今の高齢者ほどには恵まれていなかったでしょう。三世代同居で家族が周りにいるとはいっても、どこか物静かで孤高な感じが漂う。このような、尊敬すべき方々が寂しそうに見えるという状況も、「敬老の日」の制定につながったのではないでしょうか。ちなみに、「全国老人クラブ」が設立されたのは1962年です。

昔と今の高齢者の違い

現在の高齢化率は約29％になっており、おおよそ3人に1人ですからまったく珍しくはない存在となりました。次に、今の高齢者は体力があります。見た目も実に若々しくなっていますが、前述したように歩行スピードや片足立ちなど、体力測定の数値を見ると、この20年くらいで10歳くらい若返っており、今の75歳は20年前の60歳代前半の人たちと同じくらいの体力があります。

また、65歳の人の平均余命（平均的にあと何年生きるか）は現在、男性19・9年、女性24・7年。高齢者といっても〝平均で〟あと20年の長い人生があるわけで、老い先短い人たちとはいえません。3人に1人ですから、皆が現役世代に支えられる側となるのではなく、その元気さを活かして社会参加するように求められているのも大きな違いです。さらに、昔は、いつか衰えたら子や孫の世話になるものという前提がありましたが、今は高齢者のみの世帯が増えた（高齢者が住む世帯のうち「高齢者のみ世帯」は約6割）ために、人生の最期まで子どもらの世話にはならず、自立生活を継続するというのが前提であり、目標となりました。

このように見てくると、「多年にわたり社会につくしてきた老人を敬愛し、長寿を祝う」という昔ながらの敬老の精神は、今の高齢者に対してしっくりくるものではありません。多年にわたり社会につくしてきたのはその通りとしても、昔の高齢者よりはるかに体力があって、まだまだ社会参加が十分に可能な元気な人たちですから、〝敬愛〟といった引退した人をいたわるような言葉より、エールを送りたいような気分になります。

「敬老のパラダイム」の転換を

超高齢社会における高齢者は、それぞれの持てる能力などに応じて社会参加することが求められますし、そう望んでいる人はたくさんいます。また、衰えて家族の世話になるのではなく、人生の最期まで自宅で自立して暮らせるような健康状態を維持することを基本に考えている人がほとんどです。そうすると、いたわる、保護する、何でもやって差し上げるといったニュアンスの敬老の精神は、高齢者への期待や高齢者自身の希望に反するものになりかねません。そうすればするほど、衰えが加速し、社会参加も難しくなるからです。敬老の精神や行動が高齢者を弱らせること、高齢者の不健康や不幸せにつながってはいけません。

超高齢社会において、お年寄りを大切にするとはどういうことかという「敬老のパラダイム」を転換する必要があるでしょう。見違えるような体力の向上、社会参加や自立生活に対する意欲、健康に対する意識の高まりなどを見れば、超高齢社会に相応しい「敬老の日」は、「高齢者それぞれの強みを一緒に見つめ直し、それを発揮していただく機会を提供する日」なのではないかと私は考えます。

5.「雇用延長」を高齢期へのソフトランディング期間に

2013年から施行された「改正高年齢者雇用安定法」により、企業は⑴定年制の廃止、⑵定年の引き上げ、⑶継続雇用制度の導入、のいずれかによって、希望する従業員を65歳まで雇用しなければならなくなりました。さらに2021年4月1日の一部改正法施行によって、70歳まで就業できる制度の導入に努めることが義務化されました。

このような雇用延長に対して、私は当初、高齢期の暮らしに徐々になじんでいくソフトランディングの期間になるのではないかと想像していました。

雇用延長後は、ほとんどの人がそれまでとは違う役割になりますし、若い人と同じように月曜から金曜までフルタイムで、あるいは残業してまで働くわけでもありません。したがって、時間的にも精神的にも余裕ができ、その時間と余裕を、仕事とは異なる活動に少しずつ振り分けられます。そうして徐々に、生活環境の変化に対応していけるので、「定年で急に生活環境が一変してしまう」ようなことは減っていくのではないか、と想像したわけです。

雇用延長は現役時代が延びただけに

ところが、次に紹介するデータを見るとそうはなっていないようです。

一般社団法人「日本老年学的評価研究機構」が実施した、高齢者の社会参加の状況について2010年度と2016年度を比較した調査研究（「地域在住高齢者における社会参加割合変化―JAGES6年間の繰り返し横断研究―」）があります。これによると、65〜69歳の男性が「就労」している割合は、6年間で9・0ポイント増加して、50％超になりました。ところが逆に、ボランティアの会・スポーツの会・趣味の会などの「グループ活動」への参加割合は、9・0ポイント減少して約30%となっています（就労もグループ活動も、月1回以上で「参加あり」とカウント）。

改正高年齢者雇用安定法の施行によって、働き続ける人は9ポイント増えたが、グループ活動に参加する人も9ポイント減少した。つまり、加減して働きながら高齢期の暮らしに徐々になじんでいくのではなく、ただ、現役時代が延びただけ――。これは、雇用延長がソフトランディングのための期間にはなっておらず、ハードランディング（生活環境の急な変化に適応）する時期が先送りされただけになってしまっているということです。

ちなみに女性では、就労割合は6・6ポイント増で30%超になりましたが、グループ活動への参加割合は1・3ポイントの減少にとどまり、ほぼ横ばいになっています。女性も働き続ける人が増えたものの、それがグループ活動への参加意欲に影響を及ぼさなかったという点で、男性とは異なる結果となっています。

さまざまな調査研究や事例が指摘するのは、リタイア後の男性が地域で居場所や役割を持てていないという問題です。これは、現役時代に家事や育児、地域活動に携わらず、もっぱら会社での仕事に力を注ぐという日本男性特有のライフスタイルが反映されたものだと考えられます。だから欧米では、リタイア後の高齢男性の居場所問題は発生しないのです。

リタイア後の居場所問題を発生させない仕組みづくりを

雇用延長は、仕事を加減しながら徐々に地域での居場所を見つけていく期間になり得るという意味で、この問題の解決策の一つだと思われたものの、先述のデータを見るとまったくそうはなっていません。それどころか、問題を深刻にしてしまう可能性すらあります。生活環境の変化に適応する能力は、普通は若いうちほどあるからです。

このままだと、70歳になっていきなり新しい生活環境に置かれる人が増えます。65歳とは違うでしょうから、地域になじめない男性がこれまで以上に増えるでしょう。意欲も能力もある人が希望する限り働き続けられる仕組みづくりは重要ですが、それがリタイア後の男性の居場所問題をより深刻にしてしまうような事態は避けなければなりません。

働き続ける本人にとっては、単に雇用が延長されたというだけでなく、その後の長い人生に向かってソフトランディングができるようにする期間だと考えることが大事になりますし、行政や地域も、仕事を継続している男性が地域に徐々になじめるような仕組みやプログラムを用意しておくことが欠かせないといえるでしょう。

6．高齢期の「四つの喪失」が決してネガティブではない理由

喪失は束縛からの解放

人は高齢期に、さまざまな喪失を経験します。おおまかにいえば、「体力や身体機能」「人間関係（配偶者や友人を失ったり、職場の仲間との関係が切れたりする）」「仕事や収入」「役割や立場（果たさなければならない、仕事や子育てや家事などにおける使命）」の四つが挙げられます。そして高齢期には、これらの喪失に適応していくことが重要であるとされています。

しかし、考えてみれば、例えば「人間関係」を失うのが一概に痛恨かというとそうではありません。若い頃には、相性の悪い人や会いたくない人とも付き合わなければならなかったはずで、それがなくなるのなら、むしろ歓迎すべきことです。

同じように、「仕事や収入」を失ったとしても、仕事にはプレッシャーもあれば、気の進まない場面も少なくないでしょうし、家計を支えるために我慢を重ねた時期、結果や評価にガッカリするケースもあったはずです。「役割や立場」だって、自分に適性のある役割を喜んでやり続けてきたわけではなく、仕方なくやっていた面、または無理に自分を繕って、その役割を演じてきた面があるとすれば、それを失うことは、ようやく自然体で自分らしく生きられるようになったのと同じです。

つまり、高齢期の喪失には、「若い頃からずっと縛られてきたもの」から解放されるという面もあり、単純にネガティブに捉えるべきではありません。高齢期の喪失は、現役時代の束縛からの解放であり、自由の獲得であると理解することもできるわけです。主観的幸福感（生活全般に対する満足度）は40代後半で底を打ち、高齢になると上昇していくことがさまざまな調査から明らかになっていますが、これは、高齢になってさまざまな束縛から逃れた結果であるとも考えられます。

解放から自由の獲得へ

最近は、束縛から解放されただけでなく、もっとシンプルで身軽な暮らしを求めて積極的に行動する高齢者が増えています。

例えば、「今年をもちまして、新年のごあいさつ状を最後とさせていただきます」という年賀状を目にするようになったのも、人間関係や、やらないといけないことを定年退職などで自然に喪失するだけでなく、自分から意図して、積極的になくしていこうとする行動です。

現役時代に、定期的に出席していた会合や飲み会に出るのをやめるようなケースもそうで、心から楽しいと思えるような場でなければ、義理やお付き合いで顔を出すようなことはやめる高齢者が多くなってきました。

同様に、大きな一戸建て住宅から、高齢者向けのシニアマンションなどに住み替える人たちの動機の一つは、部屋や庭の掃除、使わなくなった家具や荷物の維持管理という煩わしい仕事をなくすことです。高齢女性の中に少なからず、夫の世話をする仕事から解放される「卒婚」を望む人がいるのも、自分の中から「妻」（支え役）という役割を減らそうという部分において、意味は同じです。

若い世代からはネガティブに感じられる（あるいは同情を持って見られる）ような「喪失」を、まずは、「年を取れば当然に訪れること」として受け入れ、次にそれを「解放や自由の獲得」として異なるフレームで捉え直し、さらなる解放と自由を求めて、モノ・人間関係・仕事・役割などを積極的になくそうとする——。こうした人たちの話を聞いていると、必要なものと好きなことしか自分の周りにないような〝身軽な状態〟をつくって、長い高齢期を楽しもうという意思を感じることもあります。

高齢期も発達し続ける

もちろん、高齢期は喪失するばかりではありません。語彙《ごい》や鑑賞力、表現力は、創作している俳句や短歌、絵画、書道、写真などを見ると衰えるどころか、発達し続けることを実感します。高齢者の皆さんと講座やセミナーでお話をする機会がありますが、参加者の学ぶ意欲は多くの若い人たちの比ではありません。また、経験に基づいた知恵や物事を洞察する力はもともと高齢者の強みで、若輩がかなう部分ではありません。

私たちはどうも、「若い頃にはあったのに、年をとると失ってしまうものは何か？」ということばかり考えてきたように思います。そうすると「喪失」に焦点が当たってしまうのは当然で、高齢者を「いろんなものを失っていくだけの弱者」と見なしてしまうでしょう。高齢者自身がこの問いに答えていると、自分を弱者としか思えず、どんどん自信がなくなってしまいます。

先述した、自由や身軽さを求める高齢者たちはそうではなく、「若い頃には縛られていたのに、年をとると消えてしまうものは何か?」「若い頃より、できるようになったことは?」「年をとらないと分からないことは何か?」といったことを考えているのではないかと思います。そうすると、解放や自由、発達する能力や自分の強みに焦点が当たってきます。高齢者だけでなく、若い世代も高齢期をポジティブに捉えられるようになるのではないでしょうか。

7. 四つの死に向き合う

「死の教育」で知られる、元上智大学教授のアルフォンス・デーケン氏は、著書『よく生き　よく笑い　よき死と出会う』(新潮社、2003)の中でこう言っています。

「『死』という言葉に対して、多くの人はまず、肉体的な死を考えますが、私は『死』を四つの側面に区別しています。

一番目は心理的な死、二番目は社会的な死、三番目は文化的な死、そして四番目が肉体的な死です。

一番目の心理的な死というのは、例えば老人ホームなどで、生きる喜びを失ってしまった人は、肉体的には健康でも、心理的な面ではもう、死を迎えたような状態だということです。

社会的な死というのは、社会との接点が失われて、外部とのコミュニケーションが途絶えてしまった状態です。仕事を持たず、老人ホームでも一人きり、子どもも友だちも、誰も見舞いに来てくれないという状態に陥ったら、これは社会的な死と言えましょう。

文化的な死とは、生活する環境に一切の文化的な潤いがなくなることです。現在の多くの病院や老人ホームの環境は、文化的な潤いがあるとは言い難いところが多いようです。患者の心に対する配慮が欠けた病院では、患者は肉体的な死を迎える以前に、文化的な死を体験させられることになります。(中略)

これからの新しい挑戦としては、肉体的な面での死との戦いだけではなく、心理的な面での延命、社会的な面での延命、文化的な面での延命を合わせた、総体的延命を図ることが大切なテーマになります。」

喜び、つながり、潤いを持ち続ける

「人には肉体的な死を迎える前に、喜び、つながり、潤いを失うという三つの死の危機がある。肉体的には生きていても、これらの三つが失われてしまえば死んでいるのとそう変わらない。動物の死と人間の死の違いは、喜び（心理的側面）、つながり（社会的側面）、潤い（文化的側面）にある」。そう言っています。

単なる長生きを望む人は、少なくなりました。死に対する恐怖はあったとしても、生きがいや楽しみや生きる価値を感じないような長生きは避けたいと、多くの高齢者が思うようになっています。そのためには、喜びとつながりと潤いの三つを持ち続けることだというのが、アルフォンス・デーケン氏の具体的なアドバイスです。

もちろん、三つを持ち続けるといっても、三つのことに取り組まねばならないというわけではありません。喜びは、専門分野を活かした週に一度のセミナー講師、つながりは近所の銭湯でいつもの仲間としゃべること、潤いは日々の読書や映画鑑賞といったような人もいるでしょうが、写真サークルで定期的に活動しているのであれば、仲間とのつながりはあるでしょうし、互いの作品を講評し合ったり作品の発表機会があったりすれば、そこに喜びも生まれます。優れた写真集や自慢のカメラと触れ合う時間には、潤いもあります。写真サークルにおける活動はこの三つを同時に満たすものです。このような、一つの活動で三つが揃うような、「一粒で三度おいしい」活動もあり得ます。

肉体的な死は避けられませんが、他の三つの死は避けられます。良い高齢期は（すなわち良い死に方は）、三つの死を避けることでつくられ、質の高い生き様を伴った長生きの実現は三つの死との戦いともいえるでしょう。

〝にもかかわらず〟笑顔でいよう

アルフォンス・デーケン氏は、人生をよく「旅」に例えました。お遍路の文化がある日本にもなじみがある例えだと思います。人生は、人格の完成に向けて歩いていく旅のようなもの。どこに行くかを定めなければ旅は面白くもなんともなく、ただ列車に乗っているだけになってしまうのと同じく、人生もどこに行きたいかを考えなければならない。行きたいところにたどり着くには、その途中でさまざまな選択に迫られる。旅には出会いがある。出会いとは自分の小さな殻を破って出て、心を開いて人に会うことであり、旅でも人生でも出会いこそが醍醐味だ。そんな言葉を残しています。

アルフォンス・デーケン氏がよく口にした言葉に「にもかかわらず笑う」というもの

があります。ドイツにおけるユーモアの定義の一つだそうですが、ユーモアというのは、自分が苦しいときでも相手のために他人を思いやって笑う、笑顔を見せることだといいます。高齢期は確かに失うものが多い。悲観的にならざるを得ない出来事、腹が立つこと、悲しい、寂しいといった状況もあるでしょう。にもかかわらず笑うのです。愚痴らず、涙を流さず笑うのです。

いくつになっても、旅と同じように行き場所を定め、プロセスではさまざまな選択をしながら、新たな出会いを楽しもう。苦しいことがあっても、それぞれ苦しみや悲しみを抱えている同士なのだから、互いを思いやって〝にもかかわらず〟笑顔でいよう。死を見つめ続けた研究者は、私たちにそんな温かく、力強いメッセージを送ってくれています。

第2章

今どきの高齢者の健康、体力、心理、本音

1．テレビで聞くのとはぜんぜん違う、本当の健康寿命

2022年に内閣府から発表された健康寿命は、男性は72・68歳、女性は75・38歳でした。新聞はこれをそのまま報じますし、テレビコマーシャルでも健康寿命を延ばしましょうとこの数字を使って健康食品や保険の宣伝がなされています。でも、少しだけ考えて欲しいのですが、健康でいられる年齢が男性73歳、女性75歳というのは、ものすごく若いと思われませんか？　この本の読者は結構な割合で、この年齢を超えているのではないかと想像しますし、知り合いの方々を思い浮かべてみてそんな年齢で健康を失ったという人はほとんどいないでしょう。80歳を超えている皆さんも、同じ感想を持つはずです。ではなぜ、発表されている健康寿命と実感がこれほど違うのでしょうか。この理由について、まずお話しします。

「健康」って何？

健康寿命は、健康でいられる期間の平均、何歳まで健康でいられるかという意味です。では、ここでいう「健康」とは何でしょうか。健康寿命が終わるというのは、どういう

状態になることなのか。要介護状態になることなのか、健康診断で判定されるようなものなのでしょうか。健康と不健康はどのようにして区別されるのでしょうか。

健康寿命は、別名「日常生活に制限のない期間」と呼ばれます。どのように算出するかというと、「国民生活基礎調査」において「あなたは現在、健康上の理由で日常生活に何か影響がありますか」という質問をし、「ない」と答えた人を「日常生活に制限がない者」として、その平均的な期間を計算します。

だから、「ある」と答えた人は不健康のほうに入ります。近ごろ膝も腰も痛くて買い物に出るのがしんどくなってきたと感じている人が、「あなたは現在、健康上の理由で日常生活に何か影響がありますか」と訊かれたら、「はい」と答える可能性は十分にありますが、それだけで健康寿命が尽きているほうに入れられるということです。日々、元気にスポーツに励んでいる人でも、最近、文字が見にくくなって新聞や本を読むのが苦痛になってきたという理由で、「はい」と回答したら不健康です。

年をとったら、なんらかの病気を抱えていたり、病気はなくても加齢現象によってなんらかの不調があったりするのはごく普通のことです。それによって多少は日常生活に不都合が出てくるでしょうし、若い頃に比べたら誰もが「健康上の理由による日常生活への影響」は感じます。それでも「はい」と答えたら不健康であり、健康寿命が尽きているほうにカウントされてしまうわけです。発表される健康寿命が若すぎるように感じ、実感ともまったく違うのは、まず一つにはこういう理由です。

発表されている健康寿命は、年寄りには関係ない

もう一つ知っておくべきなのは、この調査が全世代を対象としたものであることです。子どもからお年寄りまで、まんべんなく全世代に対して「あなたは現在、健康上の理由で日常生活に何か影響がありますか」と訊いている調査なのです（国民生活基礎調査ですから当然です）。

そうすると、例えば中学生が部活動で骨折していたときに調査票がやってきて「はい」と答える可能性がありますが、これも不健康とカウントされます。また、若くして重大な病気や障害を持ってしまうケースもあるでしょう。これら若い人たちの回答もすべて加味して算出されるわけです。したがって、健康寿命が男性73歳・女性75歳というのは、ゼロ歳の人が、何歳まで日常生活に制限がなく暮らせるかという平均的な期間なのです。今生まれた子たちが何歳まで健康でいられるか、という話です。

つまり、お年寄りはもちろん私も含めて、それなりの年数を生きてきている人間にはあまり意味をなさないということになります。高齢者の関心は「私は何歳まで健康でいられるか」であって、「ゼロ歳の子が何歳まで健康でいられるか」ではないでしょう。ちなみに、平均寿命も同じで、「ゼロ歳の子が何歳まで生きそうか」であって、お年寄りはゼロ歳ではないので何の関係もありません。「私の年齢だと平均的に何歳まで生きるのか」が関心事でしょうから、それは厚生労働省が発表する「簡易生命表」に記載されています。

コマーシャルは真に受けない

以上を理解していただければ、テレビコマーシャルで「健康寿命は、男性は72・68歳、女性は75・38歳です」と言っているのが、いかに的外れなものかが分かっていただけるでしょう。視聴者が子どもならそれでもまったく問題ありませんが（子どもは健康寿命などまったく関心がないに決まっていますが）、高齢者に向かっていうのは見当違いの話なのです。悪気はないのでしょうが、数字を示すときには、もう少し勉強してもらいたいものです。それによって、本当に70歳中盤で健康寿命が尽きると思ってしまっている人が多いのですから。

すっかり分かった方にはしつこいかもしれませんが、「平均寿命と健康寿命の差」という、頻繁に使われる数値も、高齢者には意味がありません。「平均寿命は男性が81・47歳、女性が87・57歳、健康寿命は男性で72・68歳、女性は75・38歳、この差は男性が約9年、女性が約12年ありますから、この期間を短くしましょう」というアレです。平均寿命というゼロ歳の子が何歳まで生きそうかというデータも、健康寿命という全世代調査かつ主観的な回答の結果として非常に若く出る仕組みになっているデータも、両方とも高齢者には意味を持たず、だからそれを引き算した年数などまったく意味がありません（繰り返しますが、小さな子どもに向かって言うなら意味はあります）。あたかもその年数が「要介護状態になる期間」であるように言うのは大間違いですから、すぐにやめて欲しいものです。

では、本当の健康寿命は？

高齢者の関心は、「高齢になってから、何歳くらいまで要介護状態にならずに、自立して暮らしていけるか」だと思います。これは「介護保険事業状況報告」という厚生労働省から発表される資料を見れば分かります。何歳の人のどれくらいの割合が健常（要支援・要介護の認定を受けていない）か、年齢別に認定を受けている人の介護度はどれくらいかが分かります。また、現在発表されている健康寿命のように主観的な回答を集計したものとは違って、「要介護度」という、一応は客観的なデータにもとづいています。

このような健康寿命の出し方は、「日常生活動作が自立している期間の平均」とか「平均自立期間」と呼ばれます。この場合、要介護2以上を「不健康」、健常高齢者および要支援1～要介護1までの人を「健康」と区分して算出します。実際に、介護認定を受けていても要介護1までだと少しのサポートを受ければ自宅で自立して暮らしていける人がほとんどです。

令和4年7月に国民健康保険中央会が発表したデータによると、男性が80・1歳、女性が84・4歳となっています。自立して暮らせる年齢は平均で男性80歳、女性84歳。これが高齢者の関心にピッタリと合う健康寿命です。そして、今、発表されている（コマーシャルで使われている）健康寿命に比べると男性で8年、女性で9年ほど長いのです。

最後に、平均だとピンとこない人もおられるでしょうから、要介護2以上の認定を受けている人の割合を示しておきます。これも令和3年度「介護保険事業状況報告」から分かりますが、75~79歳で約5%、80~84歳で約11%、85~89歳で23%、90歳以上で約45%です。80歳代後半でも4人に3人が、90歳以上でも半数超が健康というのが、今の高齢者の実態です。健康寿命が80歳、84歳といっても、皆がその年齢で要介護状態になるのではなく、終生健康なまま亡くなる方がとても多いことが分かります。何歳まで生きるかは分かりませんが、要介護2以上にならないように生きればよく、その可能性は十分にあるのです。

2. 高齢者の心配事は、子世代の想像とは大きく違う

私たち「老いの工学研究所」で2021年6月、「高齢期の健康を支えているもの」について調査を行いました（50歳以上の432人が回答）。「現在のあなたの健康維持に、大切な役割を果たしているものは何ですか？」と質問し、21項目から選択（複数回答可）していただきましたが、比較的若い世代と、高齢の世代とで、大きく違う項目がありました。

表1の右端の列は、「健康を支えるもの」として、年代による差（80歳以上と50代との差）が20ポイント以上あった項目です。トップは「安全な家であること」で、80代は50代より41ポイントも高く、約6割が「健康を支えるもの」と考えています。

80代が思う「安全な家」とは、次の4つを指していると思います。

①段差や階段で転倒する危険が少ないこと。骨折して入院となり、そのまま介護を要する状態になってしまうような事態が避けられるという意味です。

②部屋の温度差によるヒートショックの危険

表1　健康維持に大切な役割を果たしているもの

	50代(96人)	60代(94人)	70代(131人)	80歳以上(111人)	80歳以上と50代の差
安全な家であること	18%	36%	56%	59%	41p
緊急時に、助けてくれる人がいること	21%	34%	57%	61%	40p
病院や医師	39%	49%	60%	74%	35p
薬や健康食品の摂取	25%	27%	27%	50%	25p
身の回りのことを手伝ってくれる人がいること	7%	11%	17%	27%	20p

がないこと。暖かい部屋と寒い風呂場など、急な温度差があると血圧が大きく変動し、心筋梗塞や脳梗塞などを引き起こす危険があります。

③防災面。地震や豪雨などの災害に耐えられる丈夫な家かどうか、避難しやすいかどうかです。

④防犯面で、高齢者を狙う犯罪が増えていることが背景にあるでしょう。

50代では、これら四つの点はあまり気になりません。家の中でつまずいたくらいで入院するとは想像もしないでしょうし、ヒートショックも、犯罪や災害も、現実に自分に起こって、それが健康を損なう可能性は考えません。

次に、「緊急時に助けてくれる人がいる」が40ポイント、「身の回りのことを手伝ってくれる人がいる」が20ポイント上回っており、近くに支援してくれる人がいることが高齢期には重要になることが分かります。

実際に具合が悪くなって助けてもらった経験があるとか、お手伝いさんがいないと生活が難しいといった状況ではないのでしょうが、「何があるか分からない」という不安が増してくるのが高齢期というもの。転倒などの事故や急病の際に、誰にも気づいてもらえなかったらどうするか。あるいは、重い物が運びにくい、家電が故障した、部屋の模様替えや電球の交換、書類の文字が読みにくい、新しい機器の使い方が難しい……といった〝ちょっとした困り事〟があるときも、尋ねる人や頼める人がいるか、いないかでは大違いです。

別の見方をすると、「現在、大切な役割を果たしているもの」として、「安全な家であること」「助けてくれる人がいること」を挙げた人が約6割ですから、残りの4割の人は、家の安全性や、近くに支援してくれる人がいないことへの不安を抱えている可能性があります。

子世代との対話のヒント

2021年の「高齢社会白書」によると、高齢者がいる世帯は、全世帯の約半分です。そのうち、高齢の夫婦のみの世帯が約32％（827万世帯）、一人暮らしが約29％（737万世帯）で、合わせると高齢者がいる世帯の約6割、約1560万世帯に上ります。そして今後、高齢者のみの世帯も高齢の一人暮らし世帯も増加すると見込まれますから、高齢期の不安の内容を正確に捉えた対策がいっそう求められます。

高齢になると、「病院・医師」「薬・健康食品」を頼りにするようになる——。こうし

表2　健康維持に大切な役割を果たしているもの
（65歳以上の上位10位）

	全体	男性	女性	男女差
家族の存在 （同居、別居を問わず）	74.4%	72.8%	77.6%	△4.8%
病院や医師	63.1%	73.0%	53.9%	19.1%
楽しめる趣味があること	60.1%	61.7%	58.6%	3.1%
規則正しい生活	59.7%	58.2%	61.2%	△3.0%
緊急時に、助けてくれる人がいること	55.6%	59.6%	52.0%	7.6%
安全な家であること	53.6%	55.3%	52.0%	3.3%
同世代の友人・知人との交流	51.9%	48.9%	54.6%	△5.7%
健康診断や人間ドックの受診	42.0%	44.0%	40.1%	3.8%
健康習慣（運動）	41.3%	44.7%	38.2%	6.5%
薬や健康食品の摂取	35.8%	44.0%	28.3%	15.7%

たことは50代でも容易に想像がつきます。しかし、家の安全性や近くの支援者の存在が、ここまで重要になってくるのは高齢にならないと、なかなか分かりません。

漠然と親の心配をしながら子どもが勝手な想像を巡らせるのではなく、十分な対話を通じて状況や心理を共有する必要があります。親としては「余計な心配をかけたくない」という気持ちでしょうから、心配事をなかなか口にできないかもしれませんが、機会を見つけて、積極的に話をしてみて欲しいと思います。

ちなみに、65歳以上（293人）のみに絞って、「健康維持に大切な役割を果たしているもの」を集計すると、上位10項目は表2のようになっています。高齢の親を心配する子どもとの対話の際に、高齢者の心配事は何か、理解してもらう参考にしてください。

3. 法制化が見えない日本の「尊厳死」

『文藝春秋』2022年12月号に、「ゴダール『安楽死』の瞬間」（宮下洋一氏）という記事がありました。「勝手にしやがれ」（1960年）などで知られる映画監督、ジャン＝リュック・ゴダール氏が、スイスの団体の支援を得て、2022年9月、薬物を服用して安楽死した件に関するレポートです。

記事では、「日本では安楽死を検討する方向にはまだ動いていないが、それは個人の生き方（つまり「死に方」）を全面的に尊重する欧米社会との違いによるところが大きい。（中略）安楽死とは本人の希望だけでなく、残された家族の受け止め方も重要なはずである。周囲の気持ちをおもんぱかる日本では、ゴダールのように『個の生き方』を貫くことは簡単ではない」と、この問題の難しさを指摘しています。

日本の高齢者の死の捉え方・向き合い方は変化している

とはいえ、日本の高齢者の死の捉え方、死への向き合い方はかなり変化してきました。葬儀は身内だけで済ませるケースが増え、葬儀をしない「直葬」という形も出てきています。「墓じまい」や散骨を望む人が増えているのも、自分の命を自分だけのものとして、残された家族への影響を最小限にしようとする意思の表れとみていいでしょう。すっかり一般化した「終活」は死を前提にした取り組みですから、死という言葉を口にするだけで「縁起が悪い」と考え、思考や対話から排除していたような、ひと昔前とは様変わりしています。

実際、私に次のような手紙が届いたことがあります。（一部省略）

「日本では、『本人の意思』や『家族の要望』は無視され、『命は大切なもの』『命はかけがえのないもの』という一方的な倫理観から、徹底的に『延命治療』が施されます。一方で、苦しみに耐えながら生き永らえている本人にとって、その措置が本当に人間の〝尊厳〟に照らした〝倫理〟なのだろうか？　〝幸せ〟なのだろうか？

私事ではありますが、過去15年の間に、『延命治療』により両親と姉の3人の、病魔に冒され、哀れで悲しく、苦しみながらの最期を看取った経験を持っております。かくいう私も現在83歳、いつなんどき、前記のような状況になるかもしれない年齢になっています。

『あなたの命はあなただけのものではないよ、親も子もきょうだいもいるよ、皆を悲しませてはいけないよ、元気で長生きしなくちゃ、命は大事にしなくちゃ……』と、もっともらしく言われています。しかし、苦しみと絶望の中にいる本人にとっての本音は、『社会や親きょうだいはどうでもいい、早く楽にしてくれ、早く死なせてくれ！』だと思います。

何といわれようと、『命の尊厳』は究極のところ、その人のもの、本人のものです。なぜ日本では、法制化の機運さえもないのでしょうか？　日本でも、欧米の国々のように『終末』を迎えたときの『尊厳死』や『安楽死』の法制化を検討すべきです」

このように、自分の死に向き合い、〝死に方〟を考える高齢者が増えてきたのに、それを支える仕組みの検討は遅々として進んでいないのが日本の現状です。

高齢化の進展に対応すべく、介護保険制度の導入、地域包括ケア体制の構築、年金制度改定、定年の延長、賃貸型の高齢者住宅の整備、通いの場などをつくることによる社会参加の促進など、さまざまな施策が打たれてきましたが、すっぽり抜け落ちているものの一つが「死」に関する問題です。何度か政治家が口にしたことはありましたが、物議を醸して、しばらくすれば忘れられる……の繰り返しで、超高齢社会のテーマの一つとして「死」が国会などでまともに取り上げられることはありませんでした。

延命治療を拒否して、「平穏死」「自然死」を実現するための「リビング・ウイル」(自分の意思を記しておく事前指示書)を推進してきた「日本尊厳死協会」の登録者も、2002年に10万人を突破してからは横ばいのようで、これも公的な議論をほとんどしてこなかった結果なのかもしれません。

死に向き合おうとしている高齢者が増えている

「死に方は生き方で決まります」とは、105歳の天寿を全うされた医師・日野原重明氏の言葉。いつか必ず訪れる自分の死を見つめ、「どのように死にたいか」を考えることによって、生き方を良い方向に変えていくことができるという意味です。

また、スティーブン・R・コヴィー氏が著した『完訳 7つの習慣』（キングベアー出版、2013）には、「あなたは自分の葬儀で、誰にどんな弔辞を読んでほしいか」という問いがありました。人生の終わりをイメージすれば、それまでの期間を、目的を持って有意義に生きることができるというメッセージです。

そう考えると、ここ数年、目に見えて増えてきた趣味や学び、運動などに取り組む活動的な高齢者や、住み替えなどで環境を変えて人生のリスタートをする人たちは、漠然とでも「死」をイメージしている人たちなのかもしれません。国民的議論や法制化には至っていないものの、それを待たず、自発的に死に向き合おうとする高齢者が増加していることで、人生終盤の暮らしの質が向上しているのだとすると、「終活」は超高齢社会の活力に、大いに貢献していることになるといえるのではないでしょうか。

4．老後2千万円は大嘘。老後のお金の考え方

2015年7月に、京都大学経済研究所の中澤正彦氏、財務省財務総合政策研究所の菊田和晃氏、米田泰隆氏（肩書はいずれも当時）によって発表された、「高齢者の貯蓄と資産の実態」という論文があります。この研究は、以下の点を明らかにしています。

1．高齢者のみの世帯（夫婦および単身）は、平均的には、働いている場合は貯蓄しており、働いていない場合は資産を取り崩している。
2．働いていない世帯の資産の取り崩し額は、月1万3700円である。
3．国民年金の世帯と厚生年金の世帯では、資産の取り崩し額は大きく異なる。そして、厚生年金の世帯が持っている資産保有額は、取り崩していったとしても十分に余裕がある。

表3（論文内に示された表を、筆者が簡略化したもの）を参照して、詳しく見てみましょう。

高齢者全体の欄を見ると、働いている（就業）世帯の収入は月34・54万円、支出は32・99万円で、月に1・55万円の黒字となっています。働いていない（非就業）世帯では、収入が月24・19万円、支出は25・57万円で、1・37万円の赤字となっており、これが資産を取り崩している額です。

また、国民年金の受給世帯と厚生年金の受給世帯では、月の収支が大きく異なることが分かります。国民年金では就業・非就業ともに赤字で、非就業では赤字額が6・68万円になっている一方、厚生年金では就業している場合は2・25万円の黒字、非就業でも赤字額は0・88万円に過ぎません。

次に、同じペースで取り崩していくと、何年

表3　高齢者の貯蓄と資産の実態

（万円）

	全体		国民年金		厚生年金	
	就業	非就業	就業	非就業	就業	非就業
収入/月	34.54	24.19	20.99	7.79	37.88	25.92
支出/月	32.99	25.57	22.36	14.48	35.63	26.79
貯蓄額/月	1.55	▲1.37	▲1.36	▲6.68	2.25	▲0.88
純金融資産	1,632	1,684	1,005	697	1,809	1,802
取り崩し可能年数	―	102.4年	61.4年	8.7年	―	171.2年

でお金がなくなるかを見てみます。純金融資産（金融資産から負債を引いたもの）を、月々の取り崩し額で割ると算出できます。厚生年金の非就業世帯では、純金融資産が1802万円で、月に0・88万円の取り崩しですから、ゼロになるまでに171年かかります。230歳まで大丈夫……というくらいの貯えがあるということです。

同じように、国民年金を受給している就業世帯の純金融資産は1005万円で、月々1・36万円を取り崩していっても61年はもつということになります。もちろん、働けなくなる可能性はあるので大丈夫とは言い切れませんが、一方で、これは金融資産だけで住宅などの不動産は入っていませんから、不動産の売却などで老後資金を捻出することは可能です。

表3からは、老後が経済的に厳しいのは、国民年金の受給のみで働いていない世帯と、ここには出ていませんが4％ほどいるとみられる年金収入のない世帯であることが分かります。もちろん、これらの生活困窮世帯には政治の責任として手当てしなければなりませんが、高齢世帯全体としてはこのような説得力のある調査結果があることは知っておいていただきたいと思います。

「老後2千万円問題」は、何だったのか？

「老後2千万円問題」が話題になったのは、2019年でした。総務省が実施した「2017年・家計調査」が、高齢の無職の世帯が月に約5万5千円を取り崩していると結論づけたのを受けて、1年で約65万円、30年なら約1960万円が必要になると発表したものですが、この数字は眉唾と言わざるを得ません。当時の麻生太郎金融担当大臣が、この報告書を政府の見解ではない、政府としては受け取らないと言ったのも、信ぴょう性に疑問があることを踏まえて逃げを打ったのだろうと思います。

高齢者世帯の家計の状況を明らかにするのは容易ではありません。国や研究者がさまざまな調査結果を発表していますが、その結果はバラバラです。例えば、平成21年に発表された高齢者無職世帯の赤字額について、「家計調査」では月4万5331円で、「全国消費実態調査」ではなんと月9万7500円となりました。どちらも国が行った大規模調査ですが、データの出典や調整方法が異なるだけでその金額は倍以上も違うわけです。右に示した論文では、厚生年金世帯なら安心、全体では働いている世帯は黒字（貯蓄できている）と結論づけているわけですから、ちょっと混乱してしまいます。

とはいえ、単純に考えて、毎月5〜10万円を取り崩し続けているという状態は変です。死ぬ時期が分かっていればそれでもいいかもしれませんが、いつまで生きるか分からないのにそれくらいの額を毎月、取り崩し続けるのは普通の感覚ではないと思うからです。よっぽど資産を持っていればいいでしょうが、高齢者世帯の金融資産の中央値は1200万円くらい（金融広報中央委員会）ですから、10～20年で使い果たしてしまいます。

また、「高齢社会白書」で毎年、「あなたの経済的な暮らし向きはいかがですか？」という質問がされていますが、「まったく心配ない」「それほど心配ない」を合わせて約65％、「多少心配である」を合わせれば9割を超えます。「家計が苦しく、非常に心配である」は、約8％となっています。もし、本当に1200万円の金融資産で毎月4～10万円（年間50～120万円）を取り崩しているとしたら、こんな回答になるはずがありません。

さらにいえば、「老後2千万円」を算出した調査において、年金の受給額を収入欄に書いた人は約75％でしたが、実際の年金受給者は96％です。つまり、約2割の年金収入の記入漏れがあったと考えられます。当然、収入が過少に計算されて赤字額が大きくなり、月5・5万円の取り崩しという結論になってしまったというわけです。そういう意味では、「老後2千万円」は信じるに値しません。

老後のお金の話をどう考えるべきか

このように、高齢者世帯の家計の状況はちゃんと把握できてはいないし、それは極めて難しいことです。加えて、調査研究から見いだせるのは平均的な像であり、おおむねこのような状態であるという分析であって、資産もライフスタイルも実に多様な高齢者の状況が個別にクリアに見えてくるというわけにはいきません。したがって、「老後2千万円」を含めた単純な話を聞いて不安になったり安心したりするのではなく、最終的には自分の資産や家計の状況をちゃんと踏まえた上で、自分自身でこの先を見据えたライフスタイルを検討していくしかないのだろうと思います。

その際は自分で考えるだけでなく、専門家に相談するのも大事になるでしょう。一つだけ注意していただきたいのは、世の〝専門家〟の中には、さきほど「信じるに値しない」と申し上げた「老後2千万円」を、「金融庁が発表した正しい数字である」という前提で話をするような人が少なくないことです。それは、〝士〟が付く職業の人や、名の通った金融機関の中にも本当に多くいます。

もっとも、信用ある資格保有者や企業が、意図して詐欺的な商売をしているというわけではありません。「国が発表したものだからそれは正しく、かつ自分たちの仕事にとって都合がいい」ので、何の検証もせず、疑う視点も持たずに使っているだけで、ほとんどの場合は何も悪気はないようです。そんな仕事はプロとしていかがなものかと思いますが、頭から信じ込んでいる人の言葉は悪気のある人の言葉よりも余計に説得力を感じてしまうような面もあるので、ぜひ気を付けて欲しいと思います。

第3章

幸福な高齢期の生き方のそれぞれ

1. 高齢期の創作活動のススメ～若宮正子さんに学ぶ～

「世界最高齢のアプリ開発者」として知られ、88歳になる今も活躍中の若宮正子さんの講演会に行ってきました。講演前に控室で少しお話をしましたが、お元気そのもので、私が聴いた大阪での講演の前日は青森県、数日後は宮崎県、その翌日に島根県に向かわれるとのことで、講演は年に約120回。また、驚いたのはマネージャーやお付きの人がいなかったこと。この日も、事務局との待ち合わせ場所となっていた新大阪駅まで一人で移動して来られたそうです。

講演の最後に聴衆（若宮さんより一回りくらい若い人たちが中心）に対して、おっしゃっていたのは、「創造的に生きよう」でした。「一人で勉強するのもいいけれど、何かを創り、人に伝えるような活動をすることが大事」だと強調されていました。ご自身が「根っからの情報発信型人間」だそうで、アプリ開発に加えて、表計算ソフトのExcelを使って絵を描く「エクセルアート」の創始者としても知られる人なので、創って発信することの健康効果を実感しておられるのかもしれません。

「創作と発表」が健康に良い理由

高齢期の健康維持にとって運動の重要性はよく知られていますが、それ以外の活動について、私は以前から「創作と発表」の健康効果に注目していたので、我が意を得たりの気分でした。「創作と発表」には次のようなメリットがあります。

一つ目は、上達が実感できること。学習によって分かった嬉しさ、知った喜びは味わえますが、それだけだと自分がレベルアップしていっていることはテストでもない限りなかなか把握できません。一方、俳句や短歌、写真や絵画、楽器演奏や歌唱・踊りといった創作や発表は、だんだんと上手くなっていく実感が得やすいものです。加えて、高齢期ならではの感情や感性を表現できますから、若い頃にはできなかったけれども年をとってからできるようになったということもよく起こります。この点では、運動やスポーツという身体的な衰えがある分、上手くなるのがなかなか難しいものよりも、前向きな気持ちになれます。

二つ目は、褒め合える、認め合えることです。絵画や写真や書道などをたしなむ高齢者サークルの展覧会にお邪魔すると、訪れる知人や仲間が作者をとにかく称賛している場面によく出会います。どちらがいい、悪いといった比較や勝ち負けは一切なく、巧拙も関係なく、作品のいい部分を探して褒めておられます。見ている私も温かく、ポジティブな気持ちになってきますから、本人はもっとそうでしょう。

三つ目は、目標ができること。書道などのように段級制度があれば分かりすい目標ができます。時間とお金をつぎ込んで、昇級・昇段に熱心に挑んでおられる高齢者はたくさんおられます。一緒に作品づくりをしていれば、自分よりも上手な人は分かりますから、そんな人の存在も目標になります。そこでは、教え教えられるという関係、尊敬し尊敬されるという関係が生まれます。人に教える嬉しさ、教えられるという若い頃に戻ったようなワクワク感を味わえますから、普段の交流とは違うものになります。

創作や発表は、このように気持ちの張りやポジティブな感情を発生させ、社会的な関係の構築にもつながりやすく、その結果、精神的な健康の維持・増進に寄与し、身体的機能や認知機能にも好影響が及びます。実際、2022年に発表された国立長寿医療研究センターの野口泰司氏による、3万7627人の高齢者を3年間追跡した研究では、芸術文化活動を行っている人は、そうでない人に比べて新規の抑うつ発生が20%少ないという結果が出ています。

アウトプットを心掛ける

創作活動ではなくても、アウトプットを心掛けるようにすることで同じような効果が得られるはずです。読書はインプットですが、読書会に参加して意見や感想を交わすとアウトプットになります。他にも、音楽を聴くだけでなく演奏して聴いてもらうほうに回る、勉強や研究をするだけでなく、それを教えてみるといったことも考えられます。若宮さんはSNSで発信するのも創造するのと同じようなものとおっしゃっていましたが、ブログを書いたりインスタグラムやフェイスブックを使ったりして発信を楽しむのもいいかもしれません。

考えてみれば、地域コミュニティが機能していた時代には、冠婚葬祭や年中行事、家事などの日常のさまざまな場面でお年寄りが知恵や技や慣習などを伝承する場面がありました。子や孫を相手にした昔語りもありました。意識せずとも、アウトプットが求められていたわけですが、そんな地域コミュニティが消滅しかかっている現代では、意識しないとアウトプットができなくなってきています。

若宮さんが「お年寄りほど、ＩＴを活用すればいいことがある。苦手意識を持たずに取り組もう」とおっしゃるのは、地域のつながりでのアウトプットが難しい現代で、それに替わるのはＩＴ機器を使った創作活動とインターネットを活用した発信だということだと思います。

2．ノリを大事に。断らない～岩瀬和子さんに学ぶ～

私が常に注目している高齢者住宅に「中楽坊《ちゅうらくぼう》」という分譲マンションがあります。すでに累計１０００戸を超える規模で分譲されていて、１５００名を超える方が暮らしておられます。本や論文・データでは見えてこないヒントを求めて、中楽坊に出かけて入居者の話を聴くというのが私の活動のパターンにもなっています。

中楽坊の入居者は中心が70歳代中盤で、約６割が女性。高齢の親とその子で住んでいる人もいるので、一番若い人は40歳代ですが最高齢は99歳。介護施設ではないのでほとんどが健常高齢者で自立生活を営んでおられます。したがって、高齢期の健康や幸福感の維持向上を研究する身としては、恰好の研究場所になっているわけです。

もっとも、私が研究目的で訪れているのは分かってしまっているので、何度か「私らモルモットとちゃうねんで」と言われたことがありますが……（もちろん笑いながら。

いつも歓迎して頂いています)。

次に、この「中楽坊」にお住まいの岩瀬和子さんのインタビューを通して、高齢期の幸福な暮らし方や心構えについて考えてみたいと思います。

岩瀬さんは、入居者で結成した「中楽坊ブラザーズ&シスターズ」という音楽バンドでキーボードを担当する70歳代後半の女性。マンション内のクリスマスコンサートなどで演奏する他、招かれて外部でも演奏を披露するなど積極的に活動しており、『読売新聞』にも写真付きで紹介されたことがあります。

また、マンションのコミュニティを良いものにするための努力を惜しまない人で、約7年前、初代の管理組合理事会の役員も引き受けられ、その後も「女性委員会」「生活部会」といった入居者自身による分科会の世話役、一人暮らしの方を対象とした「おひとりさま会」という茶話会の立ち上げなどをしてきておられます。

私が最初に訊きたかったのは、そのバイタリティの源は何かということでした。

ノリが大事。断らない

答はシンプルで、「ノリが大事。声をかけられたらノルこと」。

「やってみてムリだと思ったら、謝ってやめたらいいだけ。やってみる前に〝私にはちょっと難しい〟と言う人が多い。余計に老けるわよ」と言います。岩瀬さんは、別に頑張っているわけではなく、何か目的や動機があるわけでもなく、周囲に期待されていること、頼まれたこと、声をかけてもらったことに対して、結果を気にせずやってみようと思ってやってきただけなのでしょう。

50歳代に住んでいた地域で、生協の共同購入を始めてしばらくしたら、その世話役をするように言われたこと、さらにその関係で地域ボランティアに誘われてリーダーになり、また他のボランティアグループでもリーダーとして活動することになって、いまだにその役を務めている、といった話などを伺っていると、まさにノリの大事さや断らない姿勢が伝わってきます。

よく高齢期の居場所づくり・役割づくりといったことが高齢社会の課題として挙げられますが、答は意外と簡単で、ノリの良さであり断らないことではないかと感じます。

趣味を続けるための、環境づくりとスケジュールづくり

岩瀬さんは経済的に恵まれた環境で育ったそうで、子どもの頃にピアノとテニスに親

しんでおられました。途中、子育てなどで中断した期間はあったものの、今もその両方を継続しています。

昔やっていたものの、それはもうやめてしまったという高齢者は本当に多いのですが、私が見るに、続けられない理由は大きく二つあって、一つは続けるための機会や環境がないこと、もう一つは続ける意欲や体力がないこと（一言でいうと〝しんどい〟）です。

岩瀬さんはこの二つをクリアしています。まず、続けられる環境があること。良いコミュニティができている高齢者住宅だと、一緒に趣味を楽しめる仲間が見つかります。ある程度の規模があれば（中楽坊は1棟あたり100～150戸なので200名近くの入居者がいるので）、同じ趣味を持つ人は必ずいます。

人が少ない街で世代の異なる人たちが多かったりすると一緒に趣味を楽しむ仲間はなかなか見つからないでしょうし、活動場所がなかったり、遠くて出かけるのが億劫になったりするでしょうから、続けられる環境を得ることはとても大事なことです。

二つ目の、〝しんどい〟を克服するために、岩瀬さんがしている工夫をご紹介しましょう。それは、午前にテニスをし、午後に踊りの稽古をするといった「動―動」というスケジュールにしないこと。午前に踊るなら、午後はピアノにするといったように「動」

と「静」を組み合わせたスケジュールを組んでいるそうです。昔のような無理はきかないことを前提に、「動」と「静」を組み合わせることが、継続していくためには重要だということです。

ベストセラーとなった『定年後』（中央公論新社、２０１７）の著者、楠木新氏が定年後に取り組むことを見つけるには、子どもの頃にやっていたこと、昔好きだったことの中にヒントがあると言っておられますが、続けるには〝続けられる場〟を得て、自分の体力などの状況に合った工夫が大切なのでしょう。

3．公への貢献。学び続ける〜加藤秀治さんに学ぶ〜

加藤秀治さんは、これだけ話のネタに事欠かない人は珍しいと思わせる、88歳の現役経営者。会社の代表は息子さんに譲っておられますが、今なおさまざまな団体の要職を務めるなど、何かと忙しい日々を過ごしておられます。著書もあり、２００２年に黄綬褒章を受章され……と書くと、バイタリティの塊のような人を想像されるかもしれませんが、お話をするといたって自然体で温かく、穏やかな印象を受けます。

「公」への意識の高さ

経歴を伺うと、35歳で創業した会社の経営をしながら、青年会議所やライオンズクラブなどの経済団体、土地家屋調査士会などの業界団体、自衛隊協力会といった地域団体の会長や幹事を歴任してきておられ、一時は、毎日、団体の会合に出なければならなかったといいます。普通なら、自分の会社のこと、家庭や健康のことを考えて多少はセーブするでしょうが、そうではなく、どの役割にも手を抜いてこなかった。だから今、名誉が欲しいだけで役職について、ほとんど会合に出て来ないような人がいることには「嘆かわしい」とおっしゃいます。

話を聴いていると、「地域の発展」「ローカルに貢献する」という言葉が何度か出てきて、加藤さんの地元に対する想いがひしひしと伝わってきます。著書『癒し散策 茨木の寺院』（清風堂書店、2009）は、大阪府茨木市に103ある寺院のうちの81か所を探訪したもので、ご自身が撮影した写真や住職から聞いた話が盛りだくさんの労作。地元の埋もれがちな場所や情報を掘り起こし、少しでも地域を盛り上げていこうという意思を感じるものです。近年では、茨木市の観光協会の要職にも就かれ、地域貢献に引き続き力を尽くしておられます。

年をとったら自分が好きなことだけやる、自分の時間は自分のために使うというのも一つの考え方ですが、加藤さんのように地域の発展に貢献できるなら、若い人たちのためにと思って、請われる限りは何とか役割を果たそうとするのもまた立派な生き様です。会社の基盤を作って子息に引き継ぎ、団体活動を通して地域貢献をしながら生涯現役を実現しているその姿は、長寿社会のまさに見本のようです。

特に男性が、定年してから地域参加するのはなかなか難しいというのは、よくある話ですが、加藤さんを見ていると、やはり若いうちから地域の人たちと関わっておくことが重要であると感じさせられます。現役時代は、どうしても会社のため、自分や家族のためという動機でしか動く気がしないのも分からぬではありませんが、早いうちに少しずつでも地域社会のために働くようにすることが、高齢期の居場所問題、役割喪失問題に悩まなくて済む方法なのだと思います。

学び続ける

加藤さんはご自身を「熱中するタイプ」とおっしゃいます。趣味の写真では、よみうり写真大賞で佳作、全日本写真連盟・朝日新聞社共催の写真展で準特選などを受賞。長年続けておられる書道では、準師範九段の腕前。他にも土地家屋調査士、測量士、宅地建物取引士、一級建築士、二級土木施工管理技士といった資格を保有。「若い頃は現場で走り回ってばかりで、ろくに本も読まなかったから」と読書にも熱心で、ふとした時に読み返すために本は捨てずに置いておくので、その蔵書は将来の処分に悩むくらいの量に上るようです。

黄綬褒章の受章時に、加藤さんが親しい人たちに感謝の気持ちを込めて配った冊子も見せていただきましたが、「私の好きな一言」というページがあり、そこに記された24の言葉からは、人生の歩み方をさまざまな書物から学んでこられたことがよく分かります。そのうちの一つ、「欲深き人の心と降る雪は 積もるにつれて道を失う」（高橋泥舟）は、報酬や名誉といった見返りをまったく求めず、さまざまな団体で活動してこられた加藤さんのポリシーが表れているようでした。

興味深かったのは、学びについて「階段は一段だけ残しておく」という言葉。書道も九段までとって、その後は昇段試験を受けていません。理由は、「最後まで上がってしまうと、もうそれで終わってしまう。できないことがあるほうが面白いから」だとか。学ぶことでできるようになった、分かったという達成感を得るよりも、学ぶことそのものを楽しむ、知らないこと、できないことがまだまだ多いという実感を楽しんでいるようです。若い頃は目的を持つ学習ばかりになりがちですが、それとは一線を画す、成熟した人の学習姿勢に大いに感心した次第です。

4．思考も暮らしもシンプルに〜高橋恵さんに学ぶ〜

高橋恵さんは、70歳を超えてから一般社団法人「おせっかい協会」を立ち上げ、約10年が経った現在、共感が全国に広がり、各地に支部ができています。高橋さんとは、あるイベントで対談することになり、出番が来る前の控室での雑談を含めてじっくりとお話をすることができましたが、一瞬で打ち解けられる明るさ、親しみやすさがあり、初対面の方とあれくらいリラックスして楽しく会話ができることはなかなかありません。

おせっかい協会のホームページ（https://ktcmedia.sakura.ne.jp/osekkai/about）には、次のようにあります。

「日本がまだまだ貧しかった時代、あれこれと余計なお世話を焼いてくれるたくさんの人がまわりにいました。中には出しゃばりなおせっかいもあったかもしれません。しかし人は『おせっかい』を通して相手を想う気持ち、愛情をカタチにし『今相手のために自分にできること』を行動にしてきたのです。『おせっかい』をすることで見返りを求めない利他の心、『助け合う心』を育み、物資的な豊かさだけではなく、心の豊かさに溢れる。この国がそんなやさしい国なるために活動を展開します。」

実際にお聴きしたさまざまな活動やエピソードは、まさに相手を想い、損得勘定なく関わっていこうとする〝おせっかいの実践者〟であることがよく分かるものでした。

自分のことより、全体のこと、他者のこと

96歳まで生きた私の祖母もそうでしたが、高橋さんは健康診断には行かないそうです。理由も祖母とまったく同じだったのが面白いのですが、健康診断に行くと、身体の悪いところをあれこれと指摘されてしまうので気持ちがネガティブになるし、悪いと言われたところが日常的に気になってしまう。それが一番、体に悪いというものです。本当に具合が悪くなったら医者に診てもらえばいいわけで、仮にそのときに治療できない状態

だと言われたら、それは運命として受け入れるしかないと。それよりも、ここが悪い、ここに気をつけろと言われて後ろ向きな気持ちになるのがダメだという発想です。

もう一つ、これは祖母が言わなかったことですが、「元気な人は、お国を頼るべきでない」という原則をお持ちでした。元気なのに、税や保険料がかかるようなサービスを年寄りが盛んに使うべきではなくて、そういう費用は未来ある子どもたちやその親のために使えばいいという考えです。そういえば、昔、ノーベル物理学賞を受賞された益川敏英氏にインタビューした際、京都市から送られてくる交通機関が無料になるような「敬老パス」の類は、即座に全部捨ててしまうと言っておられましたが、それも若者たちにもっとお金を使うべきというお考えだったように記憶しています。

話の内容は一貫して、世の中の皆が明るく元気になれるようにというものでした。「81歳になっても、私はこんな元気ですよ」という話ではなく、「高齢者には先人たちの思いや苦労を次の世代に伝えていく責任がある」「自分が元気なだけではだめで、周りを元気にしましょう」「人のために何かをすることが、自分も他者も元気にする」など全体への目配りにあふれていました。

思考も言葉も暮らしもシンプルに

対談の最初に私は「おせっかいをやりたくても、〝大きなお世話〟〝余計なこと〟にならないだろうかと心配な人が多くいて、だからおせっかいをしようと思ってもできなくなるのでは？」と尋ねたところ、「考えすぎよー」と笑って一蹴されました。「そんなことを考えたら、何にもできなくなって、もともと薄い関係がもっと薄くなるという悪循環になってしまうでしょう」と指摘されました。

確かに、昔のおせっかいには、相手がどう感じるかという発想はあまりなかったように思います。雨が降ってきたので急いで帰ってきたら、干していた洗濯物を誰かが取り込んで部屋に入れておいてくれたようなケースは、今の言葉でいえばプライバシーも何もあったものではありません。先生が生徒たちの家庭訪問に回れば、どの家でもご飯やおやつがたくさん出てきて、最後はお腹いっぱいになってしまうというのも、先生の腹具合やスケジュールなどに対する配慮はしていないわけです。高橋さんも、すべての客人に炊き立てのご飯とお味噌汁を振る舞うそうですが、それがお昼であっても「食事をしてから来られるのかな」というようなことは考えないと言っておられました。

思考だけでなく住まいもとてもシンプルです。庭付き一戸建てからマンションに住み替え、持っているものを次から次へと人にあげたり処分したりした断捨離のストーリーは驚くレベルで、本当にモノのないシンプルな暮らしを実現しておられます。また、言葉もシンプルです。豊富な人生経験から得たことを表現したワンフレーズが次から次に出てきます。いずれも、説教くさいものではなく、ちょっと笑える要素も含んだいい言葉です。人生訓を少ない言葉でまとめてみる。これは誰にでも可能な、良い試みだと感じました。

5. インタビューから見えてくる、イキイキした高齢者の考え方

4人に共通することは何かと考えたとき、私は、それぞれ皆が好き勝手に自由にやっているわけではないということ、完全な自由を持っているわけではないことに関心を持ちました。それぞれ、頼まれたから、期待されたから、他に誰もいないからという理由でやっている仕事や役割があります。それによって時間もとられるし、精神的にも楽でないこともあるのかもしれませんが、それでも引き受け続けています。4人の話を聞いてみて、自由を楽しんでおられるように見える人ほど、不自由を受け入れているのでは

ないか。不自由な時間や役割があるからこそ、自由な時間が余計に楽しくなるのかもしれない。そんな感じを持ちました。

ストレスは人生のスパイス

ストレスという概念を提唱した生理学者ハンス・セリエは「ストレスは人生のスパイスである」と言いました。「スパイスはそれ自体では美味しくもなんともないが、料理には欠かせない。スパイスがあるから、素材も味も生きてくる。同じように、ストレスばかりではよくないが、ストレスのまったくない暮らしほど味気ない、面白みのないものはない。過剰なストレスは（スパイスの利きすぎと同じく）よくないが、ストレスは人生の豊かさにとって（料理の美味しさと同じく）欠かせないものである。」そんな意味です。

そもそも、何の縛りもない状態、完全に自由な状態が楽しいかどうかは考えてみる必要があります。無人島に行けば何の縛りもありませんが、10日間も一人で過ごせと言われれば、たいていの人は勘弁して欲しいと思うでしょう。透明人間になれば、どこで何をしようが分かられることもないし、咎められることもないので、とても自由でしょうが、何をしても誰からも注目も意識も承認も称賛もされない状態は、ある程度の時間が過ぎれば相当につらいはずです。他人の目線や反応はストレスである一方、心豊かな生活には欠かせないものだということです。

自由というのはとてもポジティブな響きを持ちますし、誰もが望むものでしょう。でも、ことはそう簡単ではありません。定年退職で会社や仕事による束縛から解放されたら、とたんに時間も能力もお金も持て余して何もしなくなった男性などは典型で、憧れていた束縛のない状態が実はとても苦しい。何かに縛られるのは嫌だ、解放されたいと思っていたら、実は縛られている状態（＝不自由）のほうが楽だった、居心地が良かったというケースは多いはずです。

林家木久扇さんにインタビューした際、「私は毎週、時間割を作っている」と伺いました。仕事関係、その他の役割や面倒ごとから遊びまで1週間のスケジュールを決め、それにしたがって動くそうです。「時間割がないと何もすることがなくなってボーっとしてしまうんだよ」とおっしゃっていました。これも、束縛があるほうが上手に暮らせることを熟知した知恵だろうと思います。そういえば、楽しそうに暮らしている高齢者はよく「行かなあかんねん」（東京弁では「行かなきゃダメなんだよ」）と嬉しそうに出かけて行かれます。嫌なんだが、義務や役割として行かねばならないというようなニュアンスですが、表情は笑顔です。木久扇さんと同じで、束縛や不自由があるからこそ、その中にある自由の大切さや味わいが深くなっていっているに違いありません。不自由に感じる役割や場も人生を豊かにするのであって、まさにストレスは人生のスパイスなのだと思います。

不自由をどうやって引き受けるか

とはいえ、不自由を歓迎する人はいません。なのに、楽しそうな人ほど不自由を引き受け、生活の中に組み込んでいるのはなぜでしょうか。4人の方の話を聞いていると、それは、その自分にとっての不自由な役割が誰かのためになるはずだという想いに尽きるのだろうと思います。若宮さんはＩＴ後進国といわれるこの国のために、デジタル機器に弱い高齢者に気づきを与えるためにという動機があります。岩瀬さんは、昔から続いている地域活動を引き継いだ責任感や地域の期待を担っているから、また中楽坊コミュニティの活性化のために。高橋さんは、薄れていく日本の昔ながらの良き人間関係の再構築のために、加藤さんは若い人たちや地域や業界のためにと、単なる不自由ではなく、「誰かのために」という目的を持った不自由、少しの犠牲を払うに値する不自由だから引き受けられるのだろうと思います。

96ページに詳しく書いていますが、人は年をとると、自分のためというよりも、誰かのために役に立つことをしたいという欲求が湧いてきます。自分のためならできないことでも、他の人や地域や次世代の役に立つのならできる、やってみたいと思うようになってきます。頼られることが面倒から喜びに、貢献することが楽しみになってきます。それが、自分が何かを達成するという欲求（自己実現欲求）の次に来る、高齢期ならではの、自分のことはさて置いて誰かのために貢献したいという欲求（自己超越欲求）です。外形的には、やらなくてもいいようなことをやっている不自由に見えても、自己超越欲求が満たされるのであれば、それは不自由でも何でもない喜びに違いありません。それは、「行かなあかんねん」と言って出ていく嬉しそうな表情を見れば明らかです。

高齢期には自由を獲得し、誰しもその自由を謳歌したいと思います。しかしながら4人の話を通じて感じるのは、自由を謳歌するためには不自由を甘受して、自己超越欲求を満たしながら、その合間の制限された時間の中に生じる自由をしみじみと味わうようにするのが良い、という逆説的な教訓でした。誰かのために行動すればするほど、誰かのために時間や能力やお金などを使えば使うほど、かえって自分の心が豊かになり、限られた時間の中にある自由の価値や意味を理解でき、味わえるということです。自由とは、貢献しよう、期待に応えよう、犠牲を払おうとする人間が、その合間に与えられる幸福感であるように思います。単に束縛から逃げた状態は自由ではなく孤立。自由を幸福感にするには、つながりの犠牲が欠かせないということです。

第４章

楽しく、幸福な高齢期は「環境次第」

1. マズローの欲求段階説から考える、高齢期の暮らし方

人間の欲求は、「生理的欲求」「安全欲求」「所属欲求（社会的欲求）」「承認欲求」「自己実現の欲求」の五つの階層からなるとする、有名な「マズローの5段階欲求説」。この理論から、人生100年時代といわれる現代の長い高齢期の暮らし方について考えてみたいと思います。

まず、「5段階欲求」について簡単に確認しておきます。

第一の「生理的欲求」は生命を維持するための基礎的なもので、睡眠や食事、排せつなどが該当します。「安全欲求」は危険を感じるような環境を避け、健康で安定した暮らしをしたいという欲求。次の「所属欲求」は、集団や組織に属して人間関係を持ち、他者に受け入れられている状態を望むこと。

「承認欲求」は、自分が属している集団の人たちから認められ、敬意や称賛を受けたい、また、それを踏まえて自分自身を肯定的に評価できるようになりたいという欲求。そして五つ目の「自己実現欲求」は、自分の持つ能力が発揮され、自分の可能性が現実のものとなり、望ましい自分になっていたいという欲求です。

「5段階欲求」が満たされにくくなる高齢期

長寿化には、高齢者がこれらの欲求を満たせない状態で、長く暮らさなければならなくなったという面があります。具体的にいえば、誰でも加齢に伴って身体機能は衰えていきますから、睡眠・食事・排せつも若いときと同じではありませんし、さまざまな体の不調を自覚するようになります。つまり、「生理的欲求」が満たされなくなってくるわけです。

「安全欲求」については、〝安全〟というのは相対的なもので、同じ環境にいても、安全かどうかはその人の体力や身体機能に大きく左右されます。例えば、築年数の経った一戸建てに住んでいて、台風の強い風雨が来たら、お年寄りは恐怖を覚えることもあるでしょうが、若い人は平気だったりします。つまり、加齢に伴う身体的衰えが、「安全欲求」の充足を脅かすことになるのです。

また、特に男性においては、「所属欲求」を充足させていた会社や職場という存在が、定年退職によって失われます。「承認欲求」を充足させていた会社の名前や肩書もそれと同時になくなり、部下や後輩から頼りにされたり、敬意を受けたりする機会も失います。職業生活において、自己実現を成し遂げたという実感があったとしても、定年退職によってリセットされてしまうということです。

マズローの言う5段階の欲求が満たされにくくなってくるのが高齢期。そうすると、さまざまな喪失（生理的・身体的機能、安全な環境、所属集団、承認や敬意を受ける機会）をどのように補うのかが、高齢期における重要な課題であることが分かります。

例えば、生理的・身体的機能を維持するための活動の継続、あるいはサポートしてもらえる環境を整えること。身体的状況に見合った安全な居住環境への住み替え。新しい役割や居場所を実感できるコミュニティへの所属と、そこでの関係から生まれる承認といったものを、早いうちに補うことなどです。

逆にいえば、必ず経験するさまざまな喪失を放置することは、満たされない欲求を我慢しながら長い高齢期を生き続けることであり、場合によってはその我慢に限界が訪れる危険もあります。

自己実現欲求から自己超越欲求へ

マズローは晩年、「自己実現」の上に、さらに高次の欲求「自己超越」があると述べました。それは、自分のことはさておいて、誰かのためになることをしたいという欲求です。自己実現は自分のため。そうではなく、自己を超えて、地域や次世代や社会のためにという意識、いわゆる「利他の精神」に近いといってよいでしょう。

年齢だけで一概にはいえませんが、この自己超越欲求は若い人よりも高齢者に比較的強くみられます。実際、私が理事長を務めるＮＰＯの活動に協力してくださる高齢の人たちと会話していても、ボランティア活動に取り組む人たち、高齢者コミュニティへの参加者を見ても、その動機は報酬や見返りでないのはもちろん、称賛や尊敬を受けたいわけでもなく、単純に「役に立ちたい」からだということがよく分かります。会社などで働き続けている高齢者も、その動機は同じようなもので、世の中や若い人たちの役に立つこと、昔の話や知恵を若い人に伝えていくことを「年寄りの使命」として捉えているような節もあります。

こういった人たちは、高齢期に入って先述の「五つの欲求」が満たされなくなってきた状況を受け入れ、補完する策を講じた上で、新しく生まれた「六つ目の欲求」を満たそうとしている——そうすることで、全体としてバランスを取って暮らしておられるのではないかと感じます。避けがたい五つの欲求不満を嘆いてばかりいるのではなく、新しい欲求の充足に高齢期の生きがいを見いだしておられるということです。

マズローが1960年代に唱えた自己超越の欲求は、人生100年時代といわれる現代の高齢者にとって、また活力ある超高齢社会という観点からも、重要なキーワードとして、捉えておかねばなりません。

2．日本の高齢者は、なぜ病院に行きすぎるのか

日本の高齢者の健康状況

10月1日は、社会への高齢者の貢献に対する認識の拡大、高齢者の権利の確認、高齢者差別の撤廃などを目的に、1991年に制定された「国際高齢者デー」です。私たちは高齢社会について考えるとき、つい日本の状況だけを素材にして議論しがちですが、世界と比較をすることは思考を深めるのに有意義で、さまざまな問題が見えてきます。

ちなみに、内閣府は1980年から5年に一度、「高齢者の生活と意識に関する国際比較調査」を実施しています。2020年に発表された調査から、高齢者の健康と医療に関する日本の状況について概観してみたいと思います（調査対象は60歳以上で、老人介護施設等への入所者は除かれています）。

表4　高齢者の健康状況

60歳以上

		健康である	あまり健康とはいえないが、病気ではない	計
日本	男性	51.3%	39.9%	91.2%
	女性	50.4%	41.8%	92.2%
アメリカ	男性	75.3%	20.9%	96.2%
	女性	67.0%	25.8%	92.8%
ドイツ	男性	31.8%	60.3%	92.1%
	女性	33.6%	58.7%	92.3%
スウェーデン	男性	68.4%	23.6%	92.0%
	女性	65.9%	23.7%	89.6%

80歳以上

日本	32.6%	55.8%	88.4%
アメリカ	63.4%	33.2%	96.6%
ドイツ	14.9%	73.2%	88.1%
スウェーデン	45.1%	40.3%	85.4%

内閣府「高齢者の生活と意識に関する国際比較調査」(2020) をもとに筆者作成

まず、健康状況については表4のようになっています。「健康である」「あまり健康とはいえないが、病気ではない」を合わせると、日本は男性が91・2％、女性が92・2％となっています。アメリカ、ドイツ、スウェーデンもあまり差がなく、各国とも高齢の人たちの約9割が、病気ではない健康な状態であることが分かります。

なお、80歳以上に限って見てみても同様に、日本は88・4％、その他三つの国でも85％超と高い数値になっており、少なくとも調査対象になった国では、身体的健康という意味では高いレベルにあるといえるでしょう。

日本の高齢者の医療サービス利用状況

一方、医療サービスの利用状況についてはかなりの差があります。表5の通り、ざっくりといえば月に1回以上、病院や診療所に行く人の割合は、日本が6割、アメリカは2割、ドイツが3割、スウェーデンは1割ということになります。

多く病院に行く分だけ、他の国よりも日本の高齢者が健康になっているというなら分かりますが、健康状態は各国でそう変わりません。ということは、高齢者の健康と、医療サービスはそんなに関係がないのではないかと思えてきます。病院の数や行く回数を減らしたら健康が損なわれるかというと他の国を見ればそうとはいえません。

参考になるのが、北海道夕張市の事例です。財政破綻した夕張市では、ベッド数１７１床の市立病院が19床の市立診療所に縮小され、医療サービスが〝崩壊〟ともいえそうな事態になりましたが、がん、心臓病、肺炎で亡くなる人が減り、一人当たりの年間医療費も80万円から70万円へと減ったといいます。

もちろん、医療サービスが減っただけでなく、それに対応した医師たちの工夫が背景にはあったわけですが、いずれにしても

表5　高齢者の医療サービス利用状況

		週１回以上	月1〜3回	年に数回	利用しない
日本	男性	7.2%	53.5%	21.8%	14.3%
	女性	6.1%	52.0%	23.6%	14.8%
アメリカ	男性	2.1%	17.7%	69.4%	10.8%
	女性	4.4%	16.2%	69.7%	9.6%
ドイツ	男性	3.8%	24.8%	58.0%	12.4%
	女性	5.1%	26.5%	52.3%	15.3%
スウェーデン	男性	1.0%	8.1%	73.3%	14.8%
	女性	0.9%	6.4%	76.1%	13.3%

内閣府「高齢者の生活と意識に関する国際比較調査」（2020）をもとに筆者作成

病院や診療所などがたくさんあることや、そこに頻繁に通えること自体が、健康にとって重要というわけではないということがわかります。

以前から、「診療所が高齢者の集いの場のようになっている」「高齢者は病院に通いすぎ」などの批判はありました。諸外国のデータと比較すれば、まさにそうだということになりそうですが、果たして、医療サービスを使いすぎる高齢者を批判すべきなのでしょうか。私は、制度面や医療提供側の姿勢にも問題がかなりあるように感じます。

日本の医療制度の構造問題

まず、欧米の「家庭医」「主治医」制度のような仕組みがないこと。患者は、まずは必ず自分が選んだ「家庭医」で受診し、病院や専門医には家庭医の紹介がなければ診てもらえないような仕組みです。

日本では、基本的に誰でもどの病院、診療所でも受診が可能です。目が悪くなれば眼科へ、腹が痛ければ内科へ……と、状況に応じて患者自身が選んで受診します。そうすると、風邪のような軽い症状で病院の外来に行くような人が増える、いわゆる〝はしご受診〟といわれる一人で何か所もの病院を使っているケースが出る、患者のことをよく知らない医師が診るので診察・治療に無駄が生じる、といったことが起こります。

また、日本の病院、診療所は民間が多いため、売り上げ・利益が必要で、患者という顧客を継続・開拓し続けなければなりません。治療して治ったら終わりではなく、たとえそれが加齢現象で（すなわち病気ではない状態で）、治るようなものではなくても、「病気」として診察したり、診療報酬が多く発生するような処置をし続けたりする医療機関も存在します。治っていて、何ともなくても「また来週、来てください」と言われれば、行かざるを得ないでしょう。

高血圧の基準を「収縮時140mmHg」と変更することによって、「高血圧症」の人を多く生み出したケースが典型的ですが、民間の医療機関が、患者という顧客を生み出し続けなければならない以上、そのマーケティングや営業行為に乗せられている、病院通いの高齢者が減ることはないはずです。高齢者が病院に行かなくなったら、経営が危なくなる病院が多いでしょう。

諸外国に比べて突出して多い、日本の高齢者の病院通いはこうしてみると、日本の医療制度に関する構造問題、すなわち改革の遅れに根本的な原因があるのだろうと思います。

3. 医療は人を幸せにするか

高齢者が暮らす場所に必要なものは何かと問うと、高齢者も若い人もたいてい「医療・介護」と回答されます。これに私は、まったく同意できません。医療・介護は、病気や要介護状態ではない多くの人にとって日常的に必要不可欠な機能ではありませんし（多くの人はあっても使わない）、何よりも、医療・介護があるから幸せ、楽しいということにはならないからです。

医療とは病気やケガを治す機能であり、マイナスの状態をゼロに戻してくれるものです。たしかに、病院に行って通院仲間とおしゃべりするのが楽しいとか、医師が男前だとか、診てもらっただけで安心して元気が出るといった効果はあるでしょうが、それは医療本来の機能ではありません。また、世界保健機関（ＷＨＯ）が定義するように、健康とは身体的に問題がないだけではなく、精神的にも社会的つながりにおいても問題がない状態であるとすれば、医療は身体的に問題がない状態を維持するために頼るものであり、精神的、社会的な側面での健康は医療が関与できる部分ではありません。

「包括ケア」とは

高齢者に必要なのは「包括ケア」です。包括は、さまざまな要素をまとめてといった意味、トータルとか総合と言い換えてもいいでしょう。つまり包括ケアは、高齢者が快適で安心して暮らすために必要なケアを色々と揃えて提供するということで、今、日本で進んでいる「地域包括ケア」は、住んでいる場所の近くに多様なケア機能を揃え、誰もが使いやすい環境を作ることを目的としています。

図は、厚生労働省が示した地域包括ケアの概念ですが、地域包括ケアには「住まい」「生活支援」「医療・看護」「介護・リハビリ」「保健・予防」の五つの要素があります。

図　地域包括ケアシステム植木鉢

平成25年3月　地域包括ケア研究会報告
「地域包括ケアシステムの構築における今後の検討のための論点」より

そして、これらの位置づけについて、このように説明がなされています。

「植木鉢・土のないところに植物を植えても育たないのと同様に、地域包括ケアシステムでは、高齢者のプライバシーと尊厳が十分に守られた『住まい』が提供され、その住まいにおいて安定した日常生活を送るための『生活支援・福祉サービス』があることが基本的な要素となります。そのような養分を含んだ土があればこそ初めて、専門職による『医療・看護』『介護・リハビリテーション』『保健・予防』が効果的な役目を果たすものと考えられます。」

地域包括ケアとは

地域包括ケアとは、まず、高齢期の心身の状況に相応しい住まいの確保と、そこでの良い生活習慣の継続。次に、健康であっても困りごとや不便、面倒ごとを日常的にサポートしてくれるような人がいること。これを前提に、専門サービスとしての医療や介護などがあるという考え方です。多くの人が回答する「医療・介護」は、包括ケア全体の一部（枝葉）に過ぎないということです。

また、根本的には、植木鉢の下の皿にある「本人の選択と心構え」があることも忘れてはいけません。高齢期をどこでどのように暮らすか、どのようなサービスを受けるかは、基本的に本人のニーズや意思ありきで決められるものです。歩けるのに車椅子に乗せる、やりたくない活動に参加させる、食べたくないのに食べさせるといった、老人介護施設で行われているような画一的で機械的なサービスは戒めるべきであり、高齢期の暮らしのすべては自己決定を原則とするというのが地域包括ケアの根底にある思想です。

地域包括ケアは、要介護状態になった人だけが受ける個別のサービスを指すのではなく、元気な人たちも含めた高齢期の暮らしに関する意思決定、高齢者に合った住まいや環境づくり、個別のニーズや意思に応じたサービスの選択と受益などの全体を意味していることが分かっていただけたと思います。そして、単に体の不具合に対して手当てをするような狭いものではなく、高齢期における幸福や楽しさ、心身全体の健康にアプローチしようとするものであることも理解いただけると思います。医療・介護があれば安心で快適な高齢期が手に入るわけではないのです。

「高齢になると、体のあちこちに不調が生じ、病気がちになる」。そう思い込んでいる人も多いと思いますが、実際はどうなのでしょうか。

2017年の「高齢者の健康に関する調査」（厚生労働省）に、「あなたの現在の健康状態」を聞く質問があります。これについて、65～69歳で「良くない」と回答した人（「あまり良くない」と「良くない」の合計）は、13・0％でした。年齢とともにその割合は多くなりますが、70～74歳で19・1％、75～79歳で26・2％、80歳以上で28・9％です。

80歳以上でも「健康状態が良くない」と回答した人が3割に満たないのですから、高齢者の健康状態（自覚的健康）について、「こんなによいのか」と意外に感じられた人が多いでしょう。しかし一方で、これとは様相が異なるデータがあります。

2019年の「国民生活基礎調査」（厚生労働省）では、病気やけがなどの自覚症状がある人（有訴者率）は、80歳以上で人口1000人当たり511・0と半数を超えます。さらに、通院している人（通院者率）は、同じく80歳以上で人口1000人当たり

730・3と7割超に上ります。

「あなたの現在の健康状態はいかがですか」と聞かれると「良くない」と回答する人は3割弱にとどまるのに、「有訴者」は半数、「通院者」が7割にもなるというのは、実に不思議なことです。調査した年や調査方法が違うとはいえ、それだけでは説明がつきません。

なお、調査年、調査方法が違うのであくまで参考程度ですが、年代別にまとめてみると、表6のようになります。

健康状態はいいのに通院者が多いのはなぜ？

高齢者では、「自覚的健康状態がよくない人」よりも「有訴者（けがや病気の自覚がある人）」が2割以上多く、さらに「有訴者」を「通院者」が2割以上も上回っていることが分かります。なぜ、このようなこ

表6　高齢者の健康状態の自覚と訴え、通院状況の比較

	自覚的な不健康※	有訴者率	通院者率
60～69歳	121.7	338.9	586.3
70～79歳	222.2	434.1	706.0
80歳以上	288.9	511.0	730.3

2017年の「高齢者の健康に関する調査」および2019年「国民生活基礎調査」より筆者作成
※「自覚的な不健康」は、「高齢者の健康に関する調査」で「健康状態があまりよくない」「よくない」と回答した割合を1000人当たりに換算

とが起こるのでしょうか。

まず考えられるのが、「自分では健康だと思っているが、病気と診断されたので病院に通わされている」ケースです。例えば、健康診断で「生活習慣病の疑いあり（高血圧、高血糖、脂質異常、不整脈など）」と診断され、「医者が言うなら病気なのだろう」と信じて通院し続けているような、ある意味で〝つくられた病人〟がかなりいるのではないかと想像します。

また、健康という自覚はあるものの、「腰が痛い」「肩が凝る」といった理由で、はり・きゅうなどの施術を受けている人も多くいます。実際、有訴者が挙げた理由の上位五つに、男女とも「腰痛」「肩凝り」「関節痛」が入っています。問題は、果たしてこれらが「病気」なのかということ。つまり、医療の対象とし、健康保険を適用して治療行為を施すのが適切なのかどうかです。

年をとれば、ほとんどの人に高血圧や高血糖の傾向は出てきますし、腰痛や関節痛にもなります。そして、これらは完治するものではなく、ゆっくりと進んでいきます。それであれば「病気」ではなく、単なる「加齢現象」（生理的老化）ではないかと考えられます。

というのは、加齢現象には「内在性（遺伝的にプログラムされている）」「普遍性（誰にでも起こる）」「進行性（元には戻らない）」「有害性（生命維持にとってはよくない）」という四つの特徴がある（ストレイラーの4原則）とされているからです。

最初の三つにのっとれば、先述の症状は加齢現象であって、病気ではないことは明らかでしょう。「自覚的不健康者＋2割」の有訴者、「有訴者＋2割」の通院者という数字は、加齢現象を病気と認定して過剰医療を施している可能性を、端的に示しているように思います。

加齢現象の進行を病院に頼らずに遅らせるには

こういう状態がいつまでも続くとは思えません。財政的な限界があるからです。それは、介護施設に入所者をどんどん受け入れ、過剰な介護が続けられると介護保険制度がもたないため、入所基準が上がっていく（と予想される）のと同じことです。

近い将来、高齢者が病院などに頼らず、自宅で加齢現象に向き合わなければならないときがやってくるかもしれません。加齢現象の進行を、病院に頼らずにどれだけ遅らせることができるか、またその期間をどれだけ長くできるか。これが今、高齢者が考えなければならない課題です。

非常に単純化すれば、高齢期の体の不調には「健常な状態→加齢現象→病気（病的老化）」という過程があります。加齢現象による身体的な衰えや精神的危機は避けられませんが、これを放置・我慢すると病気（病的老化）になる時期が早まったり、不慮の事故が発生してしまったりします。

「高齢者の死亡率や要介護リスク」は、日常的に人に囲まれて暮らせる環境に住んでいるかどうかで大きく変わることが、さまざまな研究によって明らかになっています。加齢現象の放置が招く危機を防ぐには、日常生活を送るためになすべきことが徐々に難しくなる状況を手助けしてくれる人がいる、支え合い、励まし合える仲間がいる、一緒に運動に取り組める機会がある、加齢現象のつらさを忘れられるような楽しみがある——。そんな環境づくりが欠かせないと思います。

5. 高齢者の体力が向上した理由

高齢者世帯の家族状況の変化

高齢者を取り巻く環境で、平成・令和の時代における最も大きな変化は「三世代同居」の激減です。65歳以上の人がいる世帯のうち、三世代同居は1989年に40・7％でしたが、2019年には9・4％にまで減っています。

子や孫の助けを受け、また子や孫との関わりの中で、憩いや癒やしを得ながら暮らす高齢者は、この30年で4分の1になってしまったということです。

同じ期間、高齢者の一人暮らし世帯は、14・8％から28・8％と約2倍になりました。高齢の夫婦のみの世帯も、20・9％から32・3％と約1・5倍になっています。このような大きな環境変化を見れば、高齢期の孤独・孤立が問題になるのは当然ですし、〝キレる高齢者〟が増えているという問題は、承認欲求を満たしてくれていた子や孫がいなくなったことによる強いストレスが原因とも考えられます（これらの分析については、拙著『年寄りは集まって住め～幸福長寿の新・方程式』（幻冬舎、2021）に詳しく記載しています）。

しかし、高齢の一人暮らしや夫婦のみ世帯の増加が、孤独・孤立や社会的不適応といった悪いことばかりにつながったわけではありません。私は、家族構成の変化が、高齢者の体力や健康に好影響を与えた可能性は大いにあると考えています。

高齢者のみの暮らしは健康や体力に好影響

２００６年に発表された論文「日本人高齢者における身体機能の縦断的・横断的変化に関する研究」（鈴木隆雄氏）では、歩行速度の観点から「２００２年の高齢者は、１９９２年の高齢者より10歳程度若返っている」と結論づけられています。それ以降に実施されている、スポーツ庁による「体力・運動能力調査」でも、高齢者の体はさらに若返りを続けていることが分かっています。先述したように、今の75歳の体力は、30年前の60代前半に相当するレベルと考えられているのです。

このような急激と言ってもいい体力の向上は、運動習慣や食事などに気を付けるよう呼び掛けた行政などによる啓発活動も影響したと思いますが、もっと大きかったのは、高齢者だけで生活する人が増え、自分たちだけで自立した生活をするようになったこと、またそれを継続しなければならないという自覚が多くの高齢者に生まれたことでしょう。

三世代同居ならやらなくても済んだ家事や買い物を自分でする、さまざまな日常の面倒ごとを自分で解決する……といったことは、大変であっても健康や体力面には好影響を及ぼします。体調維持や健康管理へのモチベーションも、三世代同居より高齢者のみで暮らすほうが高くなるはずです。

意識の面も大きいでしょう。三世代同居だと、毎日「おじいちゃん」「おばあちゃん」と呼ばれて大切にされますから、だんだんと「自分は年寄りなのだから出しゃばらない、人に任せる」といった意識が強くなり、知らず知らずのうちに〝年寄りっぽく〟なっていきます。また、子や孫が普通にやっていることができない、難しいといった場面があるので、年齢による衰えを感じやすくなります。それに比べれば、高齢者のみの世帯では衰えを自覚する機会が少ないため、意識が若々しくいられます。

本当に解消すべき、シニアにまつわるギャップ

高齢の一人暮らしや夫婦のみ世帯の増加は不可逆的で、これからも増えていきます。それは、孤独・孤立や社会的不適応の問題と今後も向き合わざるを得ないことを意味しますが、同時に、高齢者の健康状態や体力の向上に寄与し続けていきます。高齢者はお

そらく、これまで以上に元気になっていくのでしょう。そう考えると、本人にとっても社会にとっても大切なのは、「高齢期の健康や体力をどう活かすか」という発想です。

ところが、世の中の認識はこれとは大きく違います。若い人たちと話をしていると、「離れて暮らす親が心配」という人がいます。親の心配をすること自体は立派なのですが、親の年齢を聞くと60歳そこそこであることがよくあり、苦笑してしまいます（私とそう変わらないじゃないか……と）。彼らの中には、「60代であっても、年をとるといつ何があるか分からない」「高齢者は守ってあげなければならない弱い存在だ」というようなイメージがあるのでしょう。

高齢者関連の施策を見ても、例えば「高齢者の社会参加」は重要なテーマになってはいますが、それは健康を損なって要介護状態になるのを防ぐために、できるだけ外出させること、孤立しないよう見守りやすくすることが目的であり、「活かす」という発想ではありません。一昔前の、「高齢者を弱者とみなし、守るべき対象として扱う」というパラダイムからまったく脱してはいません。

日本総合研究所（東京都品川区）が提唱した「ギャップシニア」という言葉があります。年をとって「できること」が減り、「やりたいこと」との間にギャップが生じている高齢者を指し、彼らをどう支援するかが問題だという主張をしていますが、そんなことは大した問題ではありません。本当に解消すべき重要なギャップは、「高齢者の元気さ」対「周囲の弱者目線」、「高齢者の持つ能力」対「周囲の上から目線」にあるのです。

6. 選択した孤独と意図せぬ孤独

孤独や孤立は、高齢者に限らずですが現代社会の問題となっています。特に高齢者については、孤独が健康に悪影響を及ぼすことがいくつもの研究によって明らかになっていますし、高齢者を狙った犯罪の増加、地震や豪雨災害時の対応、孤独死などが具体的な問題として挙げられます。とはいえ、「孤独は良くない。できる限り交流や社会参加をしましょう」と言うと、必ず「一人がいい。人に関わるのは面倒だ」という声が返ってきます。この年齢になって、気が合わない人に会ったり、気を遣う場に出たりするのは勘弁して欲しいという意味ですが、確かにそれもよく分かります。

現役時代には、仕事や家事や子育てや近所づきあいなどで、嫌なことがあっても関わらなければなりませんし、気の進まない人や場面から逃げるわけにはいかないことが多いものですが、高齢期になるとそれらがなくなってきます。だからストレスが減少し、自由や幸福を感じやすくなるという面があります（高齢期の主観的幸福感の向上を説明する「離脱理論」と呼ばれます）。たしかに、せっかく嫌なことをしなくてもよくなったのに、また「人に会おう、交流の場に行こう」と言われるのですから「勘弁してくれ」となるのは当然かもしれません。

二つの孤独

大事なのは、その孤独が、自分で選択したものかどうかです。皆で大いに盛り上がった後に心身の疲労を感じるとき、読書や創作に没頭したいとき、何かを熟考したいときなど、「物思いにふけりたい」「一人になりたい」という欲求は誰にでも生じます。そんなとき、一人になれない、ずっと見られたり話しかけられたりしているような環境はつらいでしょう。他者から孤独に見えたとしても、それが、一人になりたいときに一人になっているのであれば、何の問題もありません。離脱理論から考えても、「選択した孤独」は尊重すべきです。

問題は、交流したいのに一人でいるしかない、自分で選択したわけではないのに常に一人になってしまっているという「意図せぬ孤独」です。これには、周囲に人が少なく会話や交流をする相手が見つからない、集いの場はあるが距離が遠く不便であるといった環境が原因であるケース、交流の場や機会に関する情報提供や、誘ってくれたり執りなしてくれたりする人の不在という人材不足が原因であるケース、参加する意欲や勇気の不足あるいは場への不適応といった本人が原因となっているケースがありますが、このような「意図せぬ孤独」に対するケアこそが、解決すべき課題といえます。

芭蕉に学ぶ

松尾芭蕉は、東京・日本橋を拠点に宗匠として多様な俳人や弟子たちとの交流の中で暮らしていましたが、晩年に深川に転居しています。鴨長明も同じように「方丈庵」を作って移り住みました。何不自由のない暮らしをしている活躍の著しい俳人・歌人が、なぜわざわざ質素な家での一人暮らしを選んだのか。諸説ありますが、創作者としての高みを目指すために、孤独が必要であると考えたのは間違いないでしょう。日々、人が寄ってきて関わり合いを持たなくてはならない日常からは生まれてこない作品を創りたかったのではないかと思います。まさに、選択した孤独です。

もう一つ注目したいのは、二人とも、そんなに不便で辺鄙なところに移ったのではないことです。日本橋と深川は大した距離ではありません。方丈庵があった場所も、山を少し下りていけば人里があるような場所であったようです（長尾重武『小さな家の思想――方丈記を建築で読み解く』文藝春秋、２０２２）。つまり、人々と交流したいときは交流できる、一人になろうと思えば一人になれる、孤独と交流を自分の意思で選択できる環境であったということです。

こう見てくると、孤独がだめで交流が良いというのは単純すぎるきらいがあります。高齢期に良くないのは「意図せぬ孤独」と「意図せぬ交流」であり、重要なのは自分の意思で孤独と交流を選択できる環境であるということだと思います。

7.『孤独のグルメ』に学ぶ〝孤独ではない孤食〟へのヒント

十数年前に「孤食」という造語が流行し、さまざまな年代で、一人で食事をする人が増えていることが問題視されるようになりました。高齢者については、孤食が介護や抑うつのリスクを高めるという研究結果が発表されており、高齢者の一人暮らしが増えている中で、行政や諸団体が孤食を避けるための方策を講じるようになっています。

そんな中で、私が、一考に値すると思っているのが、多くの人から支持されている人気テレビドラマシリーズ『孤独のグルメ』（テレビ東京系）です。『孤独のグルメ』は、久住昌之さんの原作を谷口ジローさんが作画した漫画のドラマ化で、主人公は、高齢者ではありませんが、輸入雑貨の貿易商を営む中年の独身男性・井之頭五郎です。

同作は五郎が一人で食事をするというシンプルな内容で、描かれているのは孤食そのものですが、そこから孤独感や寂しさは一切伝わってきません。むしろ喜びにあふれる時間で、顧客などから「一緒に食事でもどうですか?」と誘われても、用事があるというようなことを言って必ず誘いを断り、一人で食事をするための店を探しに行きます。五郎が誘いを断るシーンからは、「誰かと一緒に食事をするなどあり得ない」「自分の楽しみを奪わないで欲しい」といった決意が見えるようです。とはいえ、彼は人とうまくやっていけない人ではありません。仕事をしているシーンでは、人当たりのよさで顧客に頼られ、リピーターや紹介も多いように見えます。

彼の孤食を見て、「かわいそうだ」「逃避だ」「協調性がない」といった感想を持つ人はほぼいないでしょう。淡々と孤食を描く『孤独のグルメ』がこれだけヒットしているということは、多くの人々が孤食を楽しんでおり、主人公に共感しているからに違いありません。毎日、誰かと一緒に食事をしなければならない環境を苦痛に感じている人が、憧れをもって見ている可能性もあると思います。

なぜ、孤独感がないのか

『孤独のグルメ』のテレビドラマにおけるポイントは、主演の俳優・松重豊さんのナレーションにあります。口に出してしゃべりはしませんが（一人で食べているので当たり前ですが）、店の前に立ったときの印象、店に入って感じること、メニューを見て注文に悩み、他の客の様子や他の客が頼んでいるものを見てまた悩み、運ばれてきた食べ物を見たときの喜び、味わいや店を出た後まで、丁寧に感情を表現するナレーションが流れます。それを聞いていると、一人だからといって孤独ではない、あるいは、孤独の中に楽しみがあるということがよく分かります。

ナレーションがなければ、五郎がどんなことを考えているのかは分かりません。「一人で食事をしている」という姿だけなので、周囲からは何も考えずにただ淡々と料理を口に運んでいるようにしか見えないでしょうが、実際はまったく違うかもしれません。

もし、ドラマのような言葉がその人の頭の中に流れているのなら、孤食でも何の問題もありません。頭の中も五感もフル回転で、楽しい時間であるはずです。

将棋に「棋は対話なり」という言葉があります。対局者は黙って将棋を指していますが、何も考えていないわけではなく、一手一手はそれぞれの思考の結果です。つまり将棋は、相手が指した手の意味を読み取り、その手に対する自分の意見を返すという繰り返しであって、それは対話と同じであるということです。

黙っているからといって孤独ではないし、何も考えていないわけでもなく、頭の中にはたくさんの言葉や情報が流れ、ドキドキやワクワクが生じています（なのに、周りが口出しなんてしたら台無しです）。将棋が相手との無言の対話であるのと同様、孤食も、店や料理人、出された食事の味、見た目と対話をしている場合もあるということです。

食べたいときに食べたいものを、好きな環境で

こう考えてくると、問題は孤食そのものではなく、孤食によるマンネリなのだと思います。五郎が孤食を楽しめるのは、見知らぬ街や通りで見知らぬ店に入り、緊張の中でどんなものが出てくるか分からないからです。いつも行く店で、いつも食べているもの

を食べるのなら、さすがの五郎でもあのような楽しい食事にはならないでしょう。マンネリを避けるには、食べるものや食べる時間、一人で食べるか誰かと食べるか、どこで食べるかを、自分で決められる環境であることが重要だということです。

老人ホームに入所している人が、不満な点として「食事」をよく挙げられます。これは、味や品数などが原因なのではなく、毎日、同じ時間に皆が集まって、皆で同じようなものを食べるというマンネリに原因があるように感じます。

高齢になると、食事は楽しみの大きな要素ですが、それはおいしいかどうかではなく、皆でしゃべりながら食べられるかどうかでもなく、「自分が食べたいときに、食べたいものを好きな環境で食べられるかどうか」ということではないかと考えます。

8. コロナ禍で分かった、行動自粛の恐ろしさ

コロナ禍では、高齢者に関するさまざまなニュースが流れましたが、私が最も印象に残ったのは、2021年の1月1日付で時事通信が伝えた、「高齢者要介護度、全国的に悪化か　区分変更申請、緊急宣言後に急増」という見出しの記事でした。

内容は、次の通りです。

「2020年4月7日に7都府県で緊急事態宣言が発令され、4月16日にその対象が全国に拡大。5月25日に緊急事態宣言が全国で解除されるまで約1か月半、さまざまな行動制限がなされた。その後、何が起こったかというと、6月に介護保険の区分変更申請の件数が前年同月比で17・9％増と大幅に増加。8月の第二波のあとも同様で、9月と10月に前年同月比2割を超える件数の介護保険の区分変更申請があった。新規申請も感染の波が来たあとに増えている。」

要するに、行動自粛の期間が過ぎた後に、健常な状態から要介護になった人、要介護度が上がる人が増加したということです。コロナ禍では、高齢者の重症化や死亡のリスクが盛んにいわれましたが、もう一つ、行動自粛が衰えを加速させるというリスクがあったというわけです。私はこのニュースに接する前に、高齢者施設の職員さんから、コロナ禍になってから入所者の状況が悪化している感じがするという話を聞いてはいましたが、報道の数字は想像を大きく超えるものでした。

行動自粛と一口にいっても、その中身はいろいろでした。〝生活や健康の維持のために必要な場合を除き、不要不急の外出自粛を要請〟され、特に高齢者には外出を控えた人が多くいました。通っていたスポーツクラブやレストランなどが休業状態になり、参加していたサークル活動などは当面中止、旅行もなし、買い物やちょっとした用事を済ませるために出かける機会も減って、家に閉じこもらざるを得なくなりました。出会った人との井戸端会議を長い時間しているのも人目をはばかる状態で、電車に乗ったら会話を控えるようにとアナウンスがなされ、一緒に食事をするときは「黙食」。外出の減少で身体機能が悪化しただけでなく、交流がなくなると心の張りがなくなり、認知機能にも悪影響があったはずです。

80歳代の女性から聞いたのは、「お出かけのときは口紅をしていたけど、外に行かなくなるとおしゃれをしなくなって……、コロナがましになって外出するようになってもマスクをしているので、もう口紅をしなくなった。だからだと思うけど、すごい衰えた気がするの」という声です。若い人や男性には分かりにくいかもしれませんが、このような間接的な影響もあるのだと考えさせられます。

コロナ禍でも運動を継続した高齢者住宅の事例

私がいつも注目しているシニア向けマンション「中楽坊」は、そんなコロナ禍でも介護予防に取り組んでいました。行動自粛が続いて心身のストレスを感じた入居者たちが話し合い、管理会社を巻き込んで、運動の機会を作り出しました。

一つは、ウォークラリー。マンションの近隣に八つのウォーキングコースを設定して、一つのコースを歩き切ればスタンプが押され、8コース制覇をすれば景品がもらえるというシンプルなルールですが、多くの参加者が参加して盛り上がったそうです。〝三密〟を避けるため集まるのがダメなら、集まらずにそれぞれが外で運動をし、それでも皆が一緒にやっている連帯感が得られる企画であり、聞いたときは感心してしまいました。

もう一つは、各居室の前でのラジオ体操。このマンションでは毎朝、希望者50名ほどが1階のラウンジ周辺に集まってラジオ体操をしていましたが、コロナ禍で集まれなくなって中止していました。そこで、集まらなければいいんでしょということで、館内放送でラジオ体操の曲を流し、それぞれが居室のドアの前に出て体操をすることにしたそうです。5分ほど体操をしたら、「お疲れさま！」と近くの住戸の人たちに手を振って居室に戻ります。私がたまたま取材にお邪魔していたときに、このラジオ体操の時間だったのですが、生活支援スタッフの方が館内放送で「あと2分で、始まりまーす！」と告知すると、たくさんの方がドアを開けて出て来られ（防犯カメラに映っています）、体操を始めたのを見て、初めて見ることもあって少し笑ってしまいました。しばらくして、ここまで工夫をして皆さんでストレス解消や介護予防に取り組む様子に、感動してしまいました。

高齢者の重症化や死亡のリスクばかりが取り上げられたコロナ禍でしたが、運動不足や交流不足がいかに心身を衰えさせるかということが非常に分かりやすく証明されました。しかし、そんな中でも皆が話し合い、協力し合って運動や交流を継続し、介護予防につなげたというこのケースは注目に値するでしょう。

第5章

高齢期に相応しい環境の整え方

1．心臓疾患による死亡率が周囲の半分以下の町〜ロゼトの奇跡〜

1979年に出版された『ロゼト物語』は、米国の医師スチュワート・ウルフらが書いたものですが、高齢期の健康に関する興味深い事実が記述されています。まずは、その概要を紹介します。

米国ペンシルベニア州にあるロゼト（Roseto）は、19世紀後半にイタリアのある村からの移民たちがつくった、千数百人ほどの小さな町。1950〜1960年にかけた調査で、ロゼトは心臓疾患による死亡率が周囲の町と比べて半分以下だったことで、にわかに注目されるようになりました。飲酒、喫煙、食事、運動といった健康行動や意識、あるいは生活水準などの調査も行われましたが、それらは周囲の町と大して変わりませんでした。

なぜ、ロゼトの住民は心臓疾患にかかる確率がこんなに低いのか。研究者たちが導いた結論は「連帯感や助け合い以外に、その理由は見当たらない」というものでした。

1960年代に入り、ロゼトは外部の町との交流が増えて町の結束が弱まり、米国的な生活スタイルに変わっていきます。それは、移民イタリア人の社会的・経済的な地位向上ではありましたが、それとともに、心臓疾患による死亡率は周りの町と同じようになってしまったのです。

以上が『ロゼト物語』の主な内容です。この話は「ロゼトの奇跡」と呼ばれ、健康が「生活習慣」や「物理的環境」だけでなく、「人間関係（コミュニティ）」に大いに左右されるという点で関心を集めました。では、どのような人間関係を持ち、どんなコミュニティに身を置くのが健康にとってよいのか。『ロゼト物語』の著者の分析を踏まえて、考えてみたいと思います。

「ロゼトの奇跡」に学ぶコミュニティの大切さ

ロゼトは移民の町ですから、周囲の町で暮らす人々とは異なる文化や生活スタイルがあったはずです。生活水準も周りに比べて低く、異国で孤立気味になったのかもしれません。著者が指摘する「ロゼトの連帯感」は、そんな中だからこそ生まれた、皆で団結して何とかやっていこうという気持ちの表れだったのでしょう。

また、全員が新しく移ってきた人たち（以前からそこにいた人がいない集団）ですから、内部の人間関係には、主従や上下の関係、昔からのしがらみなどがなく、対等かつ寛容で、フランクな関係の中で暮らせたのでしょう。このような人間関係が、互いへの配慮や目配り、助け合いを自然に発生させ、それぞれが集団を維持するための役割や居場所を持ったといえます。

「ロゼトの奇跡」は、古い町の固定的な役割や身分のようなものに縛られた社会、あるいはお金や地位・名誉で大きく差のついてしまったような格差社会では生まれなかったはずです（もちろん、周りに人がいないような、孤立した環境ではいうまでもありません）。

もっとも、連帯感や対等・寛容な人間関係、互助や居場所などが心臓疾患のリスクを直接的に減少させているわけではありません。おそらくこれらが、食事や運動、交流といった生活習慣をよくする効果を持ち、自分の役割や居場所の存在が精神的な充実をもたらし、周りに人がいる安心感がストレスを緩和することなどによって、健康状態の維持・向上につながっていたのだと考えられます。その結果、心臓疾患による死亡率が周りの町と比べて半分以下になっているというわけです。

「ロゼトの奇跡」に学べることを、二つ挙げたいと思います。一つ目は、健康を「自分の努力次第」「健康習慣を心掛ける」といった〝個人レベル〟で考えてはいけないということです。

食事・運動・交流に気を付けて暮らすのは大切ですが、それだけではロゼトの周りにあった町の人々と似たようなものです。「ロゼトの奇跡」は、個人レベルの努力では健康リスクを大きく減らすことはできず、「どのようなコミュニティで暮らしているか」が健康状態を大きく左右するのだと教えてくれています。

二つ目は、古い人間関係の中にいるよりも新しいコミュニティで暮らすほうが、健康維持に効果的であるということです。

「住み慣れた場所で人生を終えたい」という高齢者は少なくありません。しかしそれは、やはりロゼトの周りの町の人たちと同じです。もちろん、新しければ何でもよいというわけではありませんが、ロゼトのような対等・寛容・互助・居場所といったものが感じられる、極めて「居心地のよい場所」であるなら、古い所に居続けるよりも健康長寿が実現する可能性は大いに高まるはずです。

高齢期の健康維持には、健康習慣よりも、「どのようなコミュニティで暮らすか」が決定的に重要である。「ロゼトの奇跡」は、そんなメッセージを伝えているのです。

2. 高齢者は「超人間」

評論家の吉本隆明氏は、著書『老いの超え方』（朝日新聞出版、2006）で、老人は「超人間」だと言います。

「要するに老人とは何かというと、人間じゃない、『超人間』だと理解するんです。動物と比べると人間は反省する。動物は反射的に動く。人間はそうではない。確かに感覚器官や運動器官は鈍くなります。でも、その鈍くなったことを別な意味で言うと、何かしようと思ったということと実際にするということとの分離が大きくなってきているという特性なんですよ。だから、老人というのは『超人間』と言ったほうがいいのです。」

一流のレトリックのようにも読めますが、彼の晩年の実感のようでもあります。吉本隆明氏の比ではないにしても、一般的に、年をとると知識も経験も積んだ末の知恵があって、語彙もどんどん増えていくので、思考力も表現力も高まります。思考しない動物は反射的に行動するしかないし、思考するための経験や知恵や語彙も少ない若い頃は、簡単に判断して反射的に行動に移してしまう。それに比べると、高齢になると、あれやこれやと考える素材や言葉があるのでそれに基づいて存分に思考することができる。だから、行動に移すのが遅れてしまう。さらに、体力や運動能力も、動物に比べれば人間は劣るし、若い人に比べれば年を重ねれば重ねるほど落ちていってしまうから、行動に移すまでの時間は、動物より若い人間のほうが遅く、若い人間より老人のほうが遅くなってしまう。言われてみれば、至極当然のことといえます。

動物がまったく思考していないのか、人間（若い人も老人も）がどれくらい思考しているのかは、よく分かりませんが、年をとればとるほど知恵や言葉が蓄積されている（頭の中に奔流の如き意志がある、言葉がある）のは、間違いありません。問題は、私たちがそのことを自覚せず、体力や運動能力が落ちていくという点にだけ焦点を当てすぎているということです。だから、衰えたと嘆くばかりになってしまいます。実際は、能力は上がっているけれど、体力が落ちているだけだと吉本隆明氏は喝破するわけです。若い人は人間だけど、老人は超人間だと。

ネガティブなマインドセットから解放される重要性

年をとると全部が衰えるというのは、単なる思い込みであり、誤りです。体力や運動能力は衰えますが、その他の能力は伸び続けるものもありますし、衰えても大した影響がないものばかりです。計算能力は衰えますが、自分で計算しなければならない場面は日常にはほとんどありません。記憶力も衰えますが、忘れてしまうのはもともと忘れてもいいことばかりで、その他はだいたい「アレ」と言っておけば通じます。若い人たちは、単純な計算力や単純な知識の記憶力が優れていますが、日常生活には大して役に立ちませんし、誰でも30歳も過ぎればそのような力はどんどん衰えていきます。

年をとったらすべてが衰えていくというのは、単なる思い込みです。ネガティブなマインドセットです。マインドセットというのは、過去の経験などから染みついている固定化された先入観のこと。これが前向きか、後ろ向きかで人の行動も意欲も変わり、したがって結果も大きく変わります。「もう歳だから、できない」と思えばできなくなるし、「年には関係なくできる」と信じればできるようになります。大谷翔平選手が二刀流で大活躍していますが、彼だけでなく今までも二刀流で活躍できた選手はいたかもしれません。実現しなかった理由の一つは、できると信じたかどうかというマインドセットの違いです。男子100メートル走で一人が10秒を切ったら、次々に9秒台を出す選手が出ましたが、これも「彼ができるのなら、自分もできるはず」という気持ちが大きかったわけです。80歳、90歳を超えてもイキイキと活躍している人たちがいますが、それは、特別な能力を持っているのではなく、頭の中に「年寄りの冷や水」という言葉がないからだと私は考えています。

若者に負けない気持ちを持とうとか、老いなんて無視しようといった、浅薄なことをいっているのではありません。私が申し上げたいのは、年をとると全部が衰えるというのは間違いであり、その誤った思い込みが、すべての行動を委縮させ、やればできることまでやらなくなり、できなくなってしまい、余計に衰えてしまう悪循環に陥るのは避けて欲しいということです。体力や運動能力の低下は避けられないし、病気にもなるだろうし、いつか死を迎える。それを受け入れた上で、伸び続ける能力を自覚し、自分が持っている時間や能力や知見や人脈やお金といった豊富な資産を正当に評価し、周囲に機会を見出し、いつまでも参加・発揮・貢献できるというマインドセットを持っていただきたいとお伝えしたいのです。

ポジティブなマインドセットにするために

ポジティブなマインドセットを持つには、ポジティブな空気がある場にいる必要があります。人間はどこまでいっても社会的動物であり、周囲の人たちの影響を受けまくっているからです。「どうせ無理」と思っているやる気のない人たちの中にいて、「やればできる」という情熱を持ち続けるのはかなり難しいでしょう。社会全体でも会社でも同様で、将来が明るいという空気があればそれを前提にして頑張ろう、頑張れば報われるというマインドセットが全体で共有されます。その逆もしかりです。

数年前に、住み替えに向けて情報を収集しているという70歳代前半の女性と話をする機会がありました。印象に残っているのは、住み替えを考えている理由が「周りに素敵な人がいないから」だったことです。住宅の性能（老朽化）や利便性といったことには何の不安もないのだが、ご主人を亡くされて子どもも独立して一人になってみて、一緒に楽しめる、互いに勉強になる、刺激を与え合い、笑い合えるような人がいない。街中に住んでいるので人はたくさんいるけれども、楽しくない。だから住み替えたいと言います。一人になった今の環境では、これまで持ってきた前向きなマインドセットが崩れていくのを予感されているのだろうと推察しました。心の持ちようの重要性と、それが周囲の人たちに影響されることをよくお分かりだと感じたのを覚えています。

ポジティブなマインドセットは、心身の健康に極めて重要な要素です。しかし、それを一人で持つのは相当に難しいことです。ポイントは、「やればできる」「できることはたくさんある」と考えて実践に移しているようなポジティブなマインドセットを持つ人に囲まれ、いい空気に満ちた中で生活すること。そんな環境は、どんな医療よりもどんなサプリや健康食品よりも人生を豊かにするというのは私の見聞の中ではすでに明らかなことです。

3．元気と健康を維持する、たった一つの「若さの秘訣」

先述したように昔に比べて今の高齢者がとても若々しいのは、見た目だけでなく、体力検査などの数値においても明らかになっています。

現代の高齢者の〝若返り〟の理由が、「人の助けを借りずに自分でやるようになったこと」「年寄り扱いされなくなったこと」だとすると、高齢者が若々しくいる秘訣は、「同世代で集まる」暮らしではないかと思います。世代間交流がダメだというわけではありませんが、若い人との触れ合いは、「頭と体を使わなくなる（何でもやってもらえる）」「年寄り扱いされる（老けた、衰えたと感じやすい）」という点で、デメリットもあるからです。

高齢者が同世代で集まるメリット

高齢者が同世代で集まるメリットは、他にもたくさんあります。

まず、心身の痛みやつらさをシェアすることができます。年をとれば誰でも体のどこかに不調が出てきますし、さまざまな喪失経験で精神的なダメージを受けるケースも増えます。そんなときに、同じような経験を持って共感してくれたり、情報やアドバイスをくれたりする仲間は同世代に限られます。

また、同世代で集う機会は規則正しい生活につながります。仕事や子育て、学校に通うといったルーティンを持つ人たちと高齢者では生活時間が異なりますが、同世代なら生活時間が似ていて時間が合わせやすいので、集まって何かをすることを、習慣として日常に組み込むことが可能になります。集まれば、他者の視点を意識しますから、身だしなみを整えたり、清潔感や健康状態に気を配ったりすることにもつながり、生活習慣はよりよくなっていきます。

他にも、同世代で集まれば「参考になる」「尊敬できる」「目標になる」といった人がいるでしょうから、そうした出会いはこれから先の人生に張りをもたらします。先日、80歳で韓国語を学んでいる女性に「立派！」と申し上げたら、その語学スクールの同じクラスに92歳の男性がいて、勉強熱心でクラスで一番成績がいいので、いつも励みになっているとのことでした。同世代だからそう思えるわけで、若い人の成績がいいなら「若いからできるのね」で終わってしまいそうです。

同世代で集まると、役割や居場所が生まれます。若い人たちとの集まりだと、「ここは私たち若者がやりますから、ゆっくりしていただいて……」と年寄り扱いされますし、高齢者側も「自分がしゃしゃり出なくても、若い人たちに任せて……」と遠慮してしまいますが、高齢者だけで集まったら、そういうわけにはいきません。集まってやる内容の企画や段取り、さまざまな雑用を、皆で手分けして行わねばならず、自然に集団の中での役割や居場所が生まれてきます。役割や居場所は〝褒め合い〟や〝認め合い〟となり、承認欲求や効力感を満たしていきます。

同世代の集まりは、健康習慣にも好影響

最後に、同世代で集まると健康習慣の継続・強化が期待できます。同世代は同じような体力なので、例えばウォーキングをするにしても、互いに加減することなく同じようなペースで歩けますし、負けん気が出てきて「もうちょっと頑張ろう」という気になります。若い人たちとでは、そうはいきません。また、一人でウォーキングを続けようと決意しても、天気が悪かったり、気が進まなかったりすれば「今日はやめておこう」となりがちですが、皆でやっていると、そんな日でも参加する気が湧いてくるでしょう。

もちろん、「一人で気ままに過ごしたいので、集まるなんておっくうだ」という人が、特に、高齢男性に少なくないのは知っています。そして、それが悪いといっているわけではありませんし、無理にでも集まるべきだとも思いません。確かに、「孤独は体に悪い（健康寿命を縮める）」という研究結果もありますが、だからといって、身体的健康を維持するために無理やり他者と交流するのもいかがなものかと思いますし、「それで衰えが早くなっても構わない」という生き方まで否定するつもりはありません。

伝えたいのは、私がお会いしたたくさんの人たちを思い浮かべると、若々しい高齢者、健康を維持し続けておられる高齢者の共通点は、「同世代の集まりに参加している」「同

世代で集まりやすい環境で暮らしている」以外に、思いつかないということです。元気や健康、若々しさを求める高齢者に向けて、健康食品やサプリメント、健康器具、化粧品などのさまざまな宣伝が行われていますが、何よりも効果的なのはただ一つ、「同世代で集まること」であると、私はほとんど確信しているということです。

4. 良いケアとは

ウィークネス・ベースド・ケアとストレングス・ベースド・ケア

「ケア」と聞くと、弱い人を保護する、助ける、守るといったイメージを持つ人が多いと思います。そのような、「お年寄りは弱い人たちだから、守ってあげないといけない」という意識から出てくるケアを、「ウィークネス・ベースド・ケア（weakness-based-care)」といいます。弱み（weakness）に焦点を当てたケアです。

これと逆の発想をするのが、「ストレングス・ベースド・ケア（strength-based-care)」。ストレングス（strength）は強みで、高齢者それぞれが持っている能力や知識・技術、得意分野などを引き出し、活かせる場・機会を提供することです。

違いを明確にしておきましょう。まず前者では、高齢者をひとくくりにしていてその見方は画一的ですが、後者は、高齢者といってもさまざまな点で人によるから、よく知らないと分からないという姿勢であり個別的です。また、前者は弱点に焦点を当てていてネガティブですが、後者は強みや得意に焦点を当てておりポジティブです。さらにいえば、前者は、弱者扱いでやや上から目線を感じるのに対して、後者にはその人の持つ強みへのリスペクトが含まれています。

高齢者に効果的なケアの在り方

では、この対照的な二つのケアのどちらが、高齢者の心身の健康維持や人生の充実といった点で効果的だと思われるでしょうか。

私は明らかに後者であると考えます。なぜなら、画一的で過剰なケアは高齢者を余計に弱らせる可能性があるからです。歩けるのに車椅子に乗せていたら、だんだんと歩けなくなります。食べられるのに柔らかいものばかり出していると、噛む力や飲み込む力が落ちてきます。弱者扱いして何でもかんでもやって差し上げれば差し上げるほど、できなくなってきます。老人介護施設でこのようなケースは珍しくなく、だから、施設に入ったら急に衰えたということが起こるわけです。

それに対して、ストレングス・ベースド・ケアは、できることは自分でやってもらう、助けはその人が必要なときに必要なだけ提供するという姿勢です。したがって、過剰な支援による衰えの加速という事態は起こりません。健康寿命の延伸という超高齢社会の一大テーマにはこちらのケアのほうが理にかなっていますし、社会保障費の有効活用にもつながります。

しかしながら現状では、日本はウィークネス・ベースド・ケアに偏りすぎていると感じます。高齢者をひとくくりにして捉え、どんな人か、どんな意思を持っているかを知る努力をせず、マニュアルに則った効率追求の過剰なケアが常態化してしまっています。

高齢者福祉の三原則

高齢者の幸福感が非常に高い国として知られるデンマークで提唱された「高齢者福祉の三原則」というものがあります。三原則の一つ目は、「生活の継続性」。できる限り在宅でそれまでと変わらない暮らしができるよう配慮すること。二つ目は「自己決定の原則」で、高齢者自身が生き方・暮らし方を自分で決定し、周囲はその選択を尊重すること。三つ目は「残存能力の活用」。本人ができることまで手助けするのは能力低下を招くから、やってはいけないということ。

要するに、高齢者の福祉すなわち高齢期における welfare や well-being は、「施設ではなく自分の家で、自分の意思にもとづいて、できることは自分でやる」ような暮らしにあるという考え方です。逆にいえば、老人ホームに入って、施設側のルールに従い、あれもこれもと過剰なサービスを受けながらの暮らしを否定しているわけです。

高齢者福祉の三原則が、ストレングス・ベースド・ケアと考え方が一致しているのが分かっていただけるでしょう。もちろん、重い介護状態になった人で全面的なサポートが必要な人にまで、これを当てはめるのは難しい面もありますが、要介護3以上の人は80歳代後半で約15％、90歳以上でも約33％に過ぎないので、大多数の高齢者に対するケアはストレングス・ベースド・ケアであるべきなのです。

良いケアを受けるために

ストレングス・ベースド・ケアを提唱した米国の研究者チャールズ・ラップ氏は、その本質を「問題より可能性を、強制ではなく選択を、病気よりむしろ健康を見るようにすること」と言っています。健康や幸福につながるような良質なケアを受けるには、この言葉に沿ってケアを提供する事業者を評価し、選択するのが良いでしょう。

まず、その事業者が、ケアの対象者に対して、個別に関心を持っているかどうか。どんなキャリアを歩んできた方なのか、得意なこと好きなことは何か。趣味や嗜好は。どんなライフスタイルなのか。そのような情報を得てはじめて、その人に相応しい機会や場が提供できます。何の情報もなければ、誰に対しても同じようなケアしか提供できないのは当然。知って初めて、適切な機会や場に恵まれ、それぞれの可能性が開けていくわけです。

次に、自分で日々の暮らし方を選択・決定できるようになっているかどうか。集団行動を強いられるような場ではないことです。もちろん、最低限のルールはどのような場でも守らなければなりませんが、小中学校や合宿所・寮のように、皆が一日のスケジュールをともにし、やってはいけないことだらけの規則にしばられるような場で、良質なケアを受けることはできません。嫌なこともやらなければならず、やりたいことができない環境で受けるストレスは、心身の衰えを加速させてしまいます。

右の二つを実現できるのは、ケア対象者の「できないこと」ではなく、「できること」

つまり健康な部分に焦点が当たっているからです。適切な機会や場の提供、自己決定の尊重という姿勢は、今の健康状態の維持、できることまで衰えてしまわないようにという発想から生まれてきます。

付け加えれば、「問題より可能性を、強制ではなく選択を、病気よりむしろ健康を見るようにすること」は、ケア側だけでなく高齢者自身の発想としても重要です。自らの可能性を信じ、自分の意思で物事を決定し、健康な部分を活かし続けるという発想こそが、幸福な高齢期づくりの基本になると思います。

5．ケアが要らない人は一人もいない

哲学者の鷲田清一氏は、著書『死なないでいる理由』（角川学芸出版、２００８）で、「ケアとは、だれかがだれかにかかわっていくいとなみである」と述べています。そして、ケアについて考えるとき、「技術を介したひととひとの関係という場面からいちど退却して、親子でもいい、同僚でも近所どうしでもいい、あるいは被災地でのボランティアの場面でもいい、ひとが特定のだれかとして特定のだれかにかかわる場面から再出発す

る必要があるようにおもう。」とも言っています。

たしかに専門職しか提供できないケアというものがあります。資格を持った人が知識や技術を駆使して介護や介助などを欠かせない人に施すもので、その必要性については論をまちません。一方で、ケアというともっぱら専門職が施すサービスを指すようになり、専門的な知識や技術を持たない人がケアの提供者になる場面がほとんどないという状態は、現代的な問題として認識されていいでしょう。そもそもケアというものは、病気や怪我や障害を持つ人たちだけではなく、すべての人が心身を健全な状態に保つために不可欠なものだからです。

例えば、プロスポーツ選手であっても、技術面のコーチ、身体のトレーナー、メンタルケアを行うトレーナー、食事や栄養管理を担当する人などが支えています。ビジネスパーソンも、職場では会社の上司・同僚・部下からさまざまな支えや励ましを受けていますし、家庭では体調管理に気を配り、生活のリズムを作ってくれる人がいます。働き人が一方的に「養ってやっている」と思うのは勘違いで、配偶者や子どもたちから、支えや癒しや楽しみといったたくさんのケアを受けていることを忘れてはいけません。職場でやりがいを感じるなら、家庭で居心地の良さを感じるなら、それはその場を作ってくれている人たちのケアを受けているからです。

また、昔はケアが日常生活に自然に組み込まれていました。私の子どもの頃の思い出でいえば、祖母の腰を毎日のように押したりもんだり、乗ったり踏んだり（そうしてと言われたので）していましたし、畑にできた重いスイカをいくつも運び、祖母に代わって少し遠いスーパーに買い物に行きました。祖母と近くのおばあちゃんたちとの談笑は、日々の集いの場であり癒しカフェのような感じで、心のケアの役割を果たしていたはずです。家を出れば誰かがいて、毎日のように自分の家でとれた野菜やおかずを持ってくる人がいたのも見守りや助け合い、安心につながっていました。近所の小さな子どもたちの挨拶や声掛けは祖母へのセラピーになっていたでしょう。

地域社会の崩れとケア

昔の地域社会では、誰もがケアの提供者であり、誰もがケアの受け手でもありました。もちろんそれは、そこに暮らす人々の相互理解や連帯感が前提となっており、だからこそ鷲田氏の言う「ひとが特定のだれかとして特定のだれかにかかわる場面」が生まれました。マニュアルにのっとるのではなく、〝特定のだれか〟として自分の思いや意思に従ったケアであり、また、よく知らない人にではなく、以前より見知っている〝特定のだれか〟に対して関わっていく、対価を求めない行為です。

地域社会が崩れていくにしたがって相互理解や連帯感がなくなると、このような日常に組み込まれたケアは消えていきます。近隣の人たちはお互いに、〝特定のだれか〟ではなく、不特定多数の人たちとなり、ケアは専門職に限定された有償のサービスに変わりました。

問題は、果たしてそれで、私たちは生きていくのに十分なケアが受けられるのかどうかということです。身体の不具合が起こったときに受けられるケアは、専門家に任せられる環境がおおむね整っています。しかし、ケアとはそういうときのためだけのものではない。日常的な心や体のちょっとした不調、生活面での不便や不安などを解消してくれる、その昔に地域に存在していた相互ケアがなければ、心身ともに健やかに暮らしていくのは難しいのではないか。それが証拠に、メンタルヘルス不全や抑うつといった状態の人が増える一方ではないかと思うわけです。〝キレる高齢者〟が話題になるのも、日常的なケアが消えていっていることと無関係ではないでしょう。

必要なのは、ケアにあふれた場

鷲田氏は、先の著書でこうも言っています。

「ひとはたしかにじぶんのことを気に病んでくれるひとがいるということで、生きる力を得ることがある。見守られていると感じることで生きつづけることができる。が、しかし、ひとは他人にそのように関心をもたれることによってのみならず、他人に関心をもつことでも生きる力を内に感じることができる。生きる力というものは、しばしば、じぶんの存在が他人のなかで意味をもっていると感じるところから生まれるからである。」

要するに、人は相互にケアし合える環境にいることで生きる力が高まるということです。つまり、高齢者が元気でいるためには、十分な医療や介護や生活支援などの専門サービスが受けられる場ではなく、そこにいる人たち同士で関心を持ち合い、助け合って見守り合って、笑い合って……といった場にいたほうが良いということです。そこに暮らしている人たち同士でケアをし、ケアをされ、一緒に物事に向き合い、解決しながら、無理なときにだけ専門サービスを頼む。そんな環境でこそ、幸福で健康的な高齢期が実現するわけです。今の暮らしの中で、知り合いをケアすることがあるか、知り合いからケアされているか。高齢期にはそんな問いが必要なのです。

6．最高の健康法は「人目」

高齢期の健康維持には、「運動」「栄養」「交流」の三要素が大切であるのはよく知られていますし、心掛けておられる人も多いでしょう。ただし、この三つは並列的に語られるものではないことが最近分かってきました。三つのうち最も大事なのは何か、です。

「柏スタディ」と呼ばれる、2012年から東京大学高齢社会総合研究機構の飯島勝矢教授が中心となって行われている千葉県柏市の高齢者（自立・要支援）約2000名を対象とした大規模調査があります。多数の研究成果が大きな注目を集めていますが、その知見の中の重要なものに、「地域高齢者では社会性が最上流にあり、保健行動や心身健康に影響を与える。そして、社会性が最も先に衰える傾向がある。」「社会性の衰えの重複は、閉じこもりや社会的孤立のリスクであり、それを通じて認知機能低下やフレイルやサルコペニアのリスクとなる」というものがあります。

噛み砕いていえば、「人とのつながりや交流が最も優先されるべき事項であり、心や体の健康や健康習慣を左右している。しかし、人とのつながりや交流は、運動や栄養状態よりも先に衰えていく傾向にある。そして、人とのつながりや交流の減少を通じて、認知機能や身体的な衰えが始まっていく」ということであり、「運動」「栄養」「交流」の三要素のうち、最も大切なのは「交流」であることが分かってきたというわけです。

人目が大事

ホーソン実験と呼ばれる、1924年から1932年にかけてアメリカの家電機器類を製造していた工場で行われた有名な実験があります（その昔、ホーソンという町であったことからそう呼ばれています）。この実験の目的は、どういう条件なら工場の生産効率が向上するか、何が作業効率と関係しているのかを見出すことでした。そして、工場の中の温度や湿度や明るさといった環境面、労働者の賃金、休憩時間といった労働条件などを変えて作業効率がどう変化したかが調べられました。

結果はそれらの条件をどう変更しても、実験が進むにつれて作業効率は向上していきました。逆に、変更した条件を元に戻してもやはり作業効率は上がっていきました。要するに、環境や労働条件と、作業効率には関係がないことが分かったわけです。でも、作業効率が上がったことは間違いない。なぜか。そこで働く人たちにインタビューが行われます。

その答はこうでした。「大事な実験に協力しているのだから、期待に応えようと頑張った。厳しい条件でも、仲間といっしょだから頑張れた」。つまり、働く環境や労働条件ではなく、「注目されていること」が作業効率を向上させるという結論が導かれたのです（これを心理学でホーソン効果といいます）。

柏スタディの「三要素のうち、交流が最も重要である」という結論は、ホーソン効果から説明できます。人とのつながりや交流があると、「私は注目されている」と感じます。自然に人目を意識するようになります。これが、運動習慣や食事の習慣を良くしていき、その継続につながっていきます。逆に、周囲に人目がない暮らしをしていると、たとえ運動しよう、しっかり食事をとろうと思っていても、さぼってしまうし、手を抜いてしまうようになるでしょう。

人の行動は、周囲の人々の存在や視線から大きな影響を受けています。健康長寿を実現するには生活習慣が重要なのは誰もが分かっていますが、良い生活習慣の継続には動機や理由が必要であり、それは多くの場合、人とのつながりや交流から生まれてくるのです。自分の中から自然に生まれてくるようなことは、なかなか期待できるものではありません。そういう意味では、最高の健康法は「人目」といっても過言ではないのです。

人目がある場所に出かけよう

もちろん、一日中、人目にさらされているのがいいといっているわけではありません。そんなつらい話はないですし、人目を感じることなく一人でリラックスできる時間はなければなりません。しゃべったり笑ったりする時間もあれば、一人でいる時間もあって、そのバランスのとれた暮らしがいいに決まっています。

ただ、人とのつながりがとても少なく、交流機会のない人もいらっしゃるでしょう。また、今はつながりや交流がしっかりあったとしも、放っておくとそれらがどんどん減っていくのが高齢期というものです。だんだんと一人でいる時間が増えてきたときには、一人でやっていることを、人目があるところで同じようにするだけでも効果はあります。

例えば、家のテレビで映画を見るより、映画館に行くほうがいい。カラオケボックスで一人でカラオケに興じるよりも、スナックにでも行くほうがいい。スマホで将棋ソフ

ト と対局するよりも、道場に行って人と指すほうがいい。パジャマのまま家で昼間に読書をするより、図書館に行くほうがいい。ネットショッピングより、近くのスーパーまで行くほうがいい。お笑い番組を見ているより、劇場や高座に出かけるほうがいい。言っているとキリがありませんが、別に人としゃべるわけでもありませんが、一人でするよりも、人目があるところで同じようにするのが大切な心掛けです。人目があれば、やはり心に張りが出て、身が引き締まり、楽しみもより大きくなるはずだからです。一人でいたとしても、やっぱり最高の健康法は「人目」だと思います。

7. 心豊かな高齢期のために必要な三つの「基地機能」

高齢期の健康維持には、運動・栄養・交流が重要だとされています。中でも交流が大切なのは、すでに述べた通りです。人と話したり、何かに一緒に取り組んだりする機会が失われた孤独な状態を「社会的フレイル」と呼び、これが運動量の低下や食生活の乱れにつながり、身体や認知機能に悪影響を及ぼすようです。

ところが、交流が大切だと分かっていてもなかなか交流の機会に出ていけない人が、特に男性に多くいます。講演やセミナーの参加者、趣味やスポーツの会などで楽しむ人たちを見ても、女性のほうが圧倒的に多く、男性はおおむね2〜3割といったところでしょう。

高齢男性の社会参加や交流の促進を考えるとき参考になるのが、和歌山大学教育学部教授の米澤好史氏が提唱している、「三つの基地機能」です。これは、子どもの愛着障害（幼少期に親などの養育者と情緒的な絆が形成されず、対人関係に困難が生じる状態）に関する理論なので高齢者に直接は関係ありませんが、おおいに示唆的です。

三つの基地機能とは、「安全基地機能」「安心基地機能」「探索基地機能」で、一つ目の「安全基地機能」は、「守られている」という実感が持てること。普通に暮らしていれば、ネガティブな感情を抱いてしまう場面が誰にでもありますが、そんな時でも、ここに戻ればそんなストレスフルな状態を元に戻すことができると思えるような人間関係を意味します。

二つ目の「安心基地」は、落ち着きや癒しが得られ、自己を肯定的に捉え、前向きに行動してみようと思えるような場です。承認欲求が満たされるような場所や関係といってもよいでしょう。「安全基地機能」が心のへこみを治すディフェンシブな機能であるのに対して、「安心基地機能」は、心をふくらませてくれるようなオフェンシブな機能であるという違いがあります。

三つ目の「探索基地機能」とは、新しいことをやってみようという意欲に応えられる場や人間関係のこと。安全で安心なところにとどまっているのではなく、そこから離れて何かに挑戦しようとする気持ちを理解し、行動へと導いてくれる場や人がいる状態です。ここで重要なのは、この探索基地機能が働くためには、安全基地機能と安心基地機能の両方を備えている必要があることです。新しい取り組みによって生じたさまざまな感情を、安全基地や安心基地に帰って報告すれば、ネガティブな感情は解消され、楽しい気持ちは倍になります。安全基地がなければ探索するのは怖いでしょうし、安心基地がなければ探索しようという意欲は湧いてきません。

「三つの基地」から高齢男性を考える

高齢男性には、安全基地を持たない人が多くいます。現役時代は、何かうまくいかないことがあっても、会社での肩書や部下たちからの敬意、家庭での存在感や子どもたちからの尊敬といったものが安全基地機能を果たしており、心の平穏を維持することができました。ところが、定年退職や子どもの独立によってこれらは消えていきます。同じように、安心基地として機能していた同僚や上司からの期待や称賛や励ましはなくなり、頑張りの源泉となっていた子どもたちの存在もなくなってしまいます。その昔なら、地域コミュニティや三世代同居という家族形態も安全基地や安心基地として機能していたでしょうが、今や望むべくもありません。

安全基地も安心基地もなくなったら、探索（新しいことへの挑戦）をしなくなるというのは子どもだけでなく大人も同じで、だから、高齢男性が閉じこもりがちで社会参加や交流の場にあまり出て来られないのではないかと考えられます。また、米澤氏は「三つの基地ができていないという基地欠如感は、人間関係の問題、集団適応の問題、規範行動からの逸脱、攻撃性と関連しています。（中略）愛着障害こそが、攻撃性・攻撃的行動の原因であること、この共通理解も広げていく必要があります。」（『事例でわかる！愛着障害――現場で活かせる理論と支援を』ほんの森出版、２０２０）と述べていますが、だとすると、〝キレる高齢者〟や〝クレーマー高齢者〟の問題も愛着障害の視点や「三つの基地機能」から考えてみるべきなのかもしれません。

交流促進のための安全基地、安心基地を作る

高齢者の交流の場は、近年、かなり増えました。行政による〝通いの場〟づくりが行われ、カルチャーセンターでは高齢者向けの内容が多くなり、シニア対象のスポーツクラブもあちこちにでき、自分たちで団体やサークルを立ち上げる人も少なくありません。ただし、それらはいずれも「探索基地」であって、社会変化に伴って失われてきた安全基地や安心基地の欠如は、放置されたままといえます。

「三つの基地機能」の理論に従えば、安全基地や安心基地がないままでは、交流の場への参加に腰が引けている高齢男性に交流を促しても効果はありません。その前に、高齢男性のストレスを癒し、解消する場や関係、楽しく前向きな会話が成り立つ場や関係をどのようにして提供するか、安全基地や安心基地をどのように作っていくかが本質的な課題だといえるでしょう。優れた高齢者住宅で、それ以前とは見違えるように人と交流するようになった高齢男性を私は何人も知っていますが、それはそこに安全基地や安心基地の機能が備わっているからだろうと思います。

8.「子どもに迷惑をかけたくない」を実現する

高齢者と接していて、最もよく耳にするのは「子どもに迷惑をかけたくない」という言葉です。お墓や葬儀、相続などのこともありますが、ほとんどの場合、介護が必要になって子どもたちに苦労や心配をかけるのは避けたいというもので、「ピンピンコロリ」「死ぬならガンが一番よい」とおっしゃるのも介護の負担が子どもに及びにくいからというのがその真意でしょう。

ただし、深く話を聴いてみると、「迷惑をかけたくない」には単に負担をかけたくないというだけでなく、もう少し複雑な面もあるようです。例えば、重い介護状態で身の回りのことが自分でできないのは自立や尊厳に関わるもので、自分も子どもにも精神的に耐え難いし恥ずかしいだろう、といった気持ちです。自分の意思で自分の思うように行動できない人になってしまうのは、所属していた集団やつながっていた人間関係を失うこと、子どもたちへの過剰な依存をしてしまうことなど、理想とは程遠い状態になることへの恐れがあるという想像も働いているように思います。

もっとも、そこまでの介護状態になる可能性は低いので（例えば、80歳代後半で要介護2以上の人は約23％、要介護3以上だと約15％しかいません）、悪い想像をしすぎて、せっかくの高齢期をネガティブな発想で暮らすのは良くありませんが、可能性が低いとはいえ、人生の終盤を迎えて「子どもに迷惑をかけたくない」と願うのは当然です。では、どうすれば実現するのでしょうか。

気合だけでは乗り切れない

「自分は何でもできるし、これからも頑張って同じようにやっていくつもりだから、お前たちに迷惑をかけることはない。心配するな」と胸を張って言うお年寄りがいます。その気概は立派ですし、それなりの努力もしておられるのだと思いますが、だからといって、転倒や骨折をしないわけではありませんし、脳や心臓の疾患で体調が急変する事態がないわけではありません。気合では乗り切れないということです。

「年をとったから余計なことはせず、ここで今まで通りの生活を続けていくから、心配しないで」と言う人もいます。周辺環境が変わって会話や交流の機会が減っても、外出や家事がおっくうになってきても、事件や災害のニュースを見て不安になっても、我慢するしかないという姿勢は子どもを思いやってのこともあるのでしょうが、そうはいっても限界があり、交流や運動が減ったり、ストレスを抱えたままの状態でいたりすると心身の衰えが加速しますし、事故や病気のリスクも大きくなります。
「夫婦二人とも元気だから、どちらかが不自由な状態になっても助け合って暮らすから、大丈夫。子どもに負担をかけることはない」と考える人もいます。老々介護を受け入れる覚悟かもしれませんが、若い世代でも大変な仕事を老いてからする大変さは容易に想像できるものではありません。また、「助け合って」とはいってもどちらかが先に亡くなるわけですから、一人暮らしになったときに問題なく暮らせるかどうかも考えておく必要があるでしょう。また、もし二人とも要介護状態になれば、子どもの負担や心配はより大きなものになってしまいます。

高齢期が数年しかないなら気合や我慢も分からなくはありませんが、20年、30年となる可能性もあるわけですから、そのような暮らし方は、子どもに心配や迷惑をかけるときがせいぜい先延ばしになるだけであって、それはすなわち子どもたちに心配をさせている期間が長くなるのと同じことです。

認知症や病気・ケガを防止する環境に住まう

「高齢社会白書」（2022年版）によれば、介護が必要になった主な原因の上位は、「認知症」「脳血管疾患」「高齢による衰弱」「骨折・転倒」となっています。であれば、子どもに迷惑をかけないためには、これらを防止、あるいはこれらへの素早い対処体制があれば良いということになります。会話や社会参加や運動が盛んな場所にいれば認知症の防止になりますし、高齢による衰弱も予防できます。脳卒中になったときにもすぐに助けが呼べて対応してくれる人がいれば、後々の症状がまったく違ってきますし、段差や階段が少ない家、歩きやすい環境に住めば骨折や転倒も未然に防げるでしょう。

子どもに迷惑をかけないためには、気合や我慢といった根性論で終わらせるのではなく、要介護になりにくい環境に住まうという具体的な行動が必要だということです。もちろん、年をとって家財道具を整理したり環境を変えたりするのは大変でしょうが、住み替えを含めて高齢期に相応しい環境を整えた高齢の方々は、子どもに何年にも渡って負担を負わせ続ける可能性を考えて、その大変さを乗り越えられたのだろうと思います。

子どもに負担を負わせず、不安を与えない高齢期を実現するには、高齢期の心身の状態や高齢期特有のリスクに見合った環境や住まいを手に入れることが恐らくもっとも重要であり、私には他の方法が見当たりません。そして、高齢期に相応しい環境は、「子どもに迷惑をかけない」だけでなく、自立した暮らし、自律的な生活や尊厳、人間関係の維持と帰属や承認の欲求の充足といったさまざまな要素も満たすことになるはずです。

第6章

高齢期の住み替えのススメ

1．最期まで家で暮らし、家で死のう

厚生労働省が2003年に発表した報告書「2015年の高齢者介護～高齢者の尊厳を支えるケアの確立に向けて～」には、次のように書かれています。長くなりますが、重要な記述ですので、じっくり目を通してみてください。

可能な限り在宅で暮らすことをめざす

○通常、私たちは自宅で生活をしている。自宅とは、私たち自身が主人公である世界である。自宅であれば、介護が必要になった時でも、人は、自分自身で立てたスケジュールに沿って日常生活を営むことができる。朝何時に起きるかは自分の自由であるし、食事を摂るか摂らないか、何を食べるかも自分自身で決めることができる。（手助けさえあれば）買い物に出かけることもできる。家族や友人たちとおしゃべりをし、夜更かしすることもできる。自宅の良さとは、介護が必要になった時でも、介護のために自分の生活や自由を犠牲にすることなく、自分らしい生活を続けることができる点にある。

日常生活における自由な自己決定の積み重ねこそが「尊厳ある生活」の基本であり、在宅での生活であれば当たり前のことである。

だからこそ、多くの人は自宅での生活・在宅での介護を望むのである。

○住み替えという選択肢

○要介護状態になった時に自宅での生活の継続を困難にするもう一つの要因は、「住まい」である。

家屋の構造が要介護者の生活に適さず、自宅に住み続けることが物理的に困難である場合や、一人暮らしである等の理由から日常生活の面などで自宅での生活に困難や不安のある高齢者の場合、適切な介護サービスを利用することができたとしても、そうした自宅での生活を続けることは困難である。

○このため、例えば、バリアフリー、緊急通報装置などハードウエアの機能を備え、同時に生活支援や入居者の状態に応じた介護ニーズへの対応などのソフトウエアの機能も備えた、高齢者が安心して住める「住まい」を用意し、自宅で介護を受けることが困難な高齢者に対して、住み替えという選択肢を用意することは、重要な課題である。

このような新しい「住まい」への住み替えの形としては、大きく分けて

(1)例えば、高齢の夫婦や一人暮らしの高齢者が、要介護状態になる前の段階で、将来要介護状態になっても再度の住み替えをしなくても済むように、必要になったら介護サービスが提供されることが約束されている「住まい」に早めに住み替えを行うという場合と、

(2)要介護状態になってから「自宅」同様の生活を送ることのできる介護サービス付きの「住まい」に移り住む場合

が考えられる。

早めの住み替え

○　今後、高齢単身世帯、特に女性の単身高齢世帯や高齢夫婦のみ世帯が増加していくことを考えると、このようなタイプの住宅へのニーズは増大していくものと考えられ、上記以外にもさまざまな形の「高齢者向け住宅」を積極的に整備していくことが必要である。

○社会資本としての住まい

北欧等早くから福祉に取り組んできた国では、「福祉は住宅に始まり住宅に終わる」と言われているという。

これまでわが国では、福祉サービスの視点から住宅を考えるという視点は必ずしも意識されてこなかったが、これからの高齢社会では、このような新しい「住まい」を含め、「住まい」を必要な社会資本として整備していくことが望まれる。

高齢期の住まいをどう考えるか？

そもそも、誰にとっても同じように価値がある家というのはありません。家の価値は、人によりますし、年代やライフスタイルなどによっても変わります。報告書にあるように「自宅とは、私たち自身が主人公である世界である」からです。したがって、高齢者全員に等しく適した家というものもないのでしょうが、それでも高齢期の住まいを考えるときに欠かせない前提や条件は存在します。

一つ目は、身体的にはだんだんと衰えるという前提です。長生きしても、日常的に介護が必要になる可能性は決して高くはありませんが、必要になればしっかり介護サービスが受けられ、要介護にはならなくてもちょっとしたサポートや介助が受けられる環境にいるのは、とても安心で嬉しいものです。

二つ目は、今の自宅のリスクを把握することです。転倒や事故の危険性、事故につながりかねない無理な行動がないかどうか、日常生活での不便、防犯・防災面の不安などを洗い出してみましょう。報告書に「要介護状態になった時に自宅での生活の継続を困難にするもう一つの要因は、『住まい』である」とある通り、身体的な衰えに伴って、現役時代の家はリスクになっていくということを忘れてはいけません。

三つ目は、一人暮らしになる前提です。夫婦はどちらかが先に亡くなります。そのときに一人になったほうが、身の回りのことがすべて問題なくこなせるか、寂しくないか、自分らしくイキイキと暮らせるか。そんなイメージをしておくのも大切だと思います。

四つ目は、自分のやりたいことや自分らしい暮らし方に、その家がマッチしているかという点です。現役時代に職場や子どもが通う学校などを考慮して家を選んだように、自分の高齢期のライフスタイルに相応しい場所や家を選ぶことが大切です。

福祉は住宅に始まり住宅に終わる

福祉は、社会全体の幸福や豊かさ、あるいは恵まれない人たちに対する公的扶助を意味する言葉ですが、世界的に高齢者の幸福感が高いことで知られている北欧では、その中心を住宅に置いています。どこで暮らすかは、高齢者の幸福にとって極めて重要であると認識しているわけです。「これまでわが国では、福祉サービスの視点から住宅を考えるという視点は必ずしも意識されてこなかった」と報告書にありますが、この認識の差が北欧とわが国の高齢者の幸福感の差となっている面もあるのかもしれません。

国の問題としてではなく、個人レベルでも考えてみるべきでしょう。高齢になって住み替えを考えていると言うと、おそらく「いい歳になって今さら？」などと返されることが多いはずです。でも、そのような認識は現代のような長寿社会に相応しくありません。どこに住むか、どんな住宅で暮らすかは、高齢期の暮らしぶり、生き様、充実感、楽しみ、安心感……幸福感に大きな影響があるということを皆で共有すべきだろうと私は思っています。

2. 「弱いつながり」を大切にしよう

良いコミュニティというのは、メンバー間の強い結束力が必要というわけではありません。たしかに、目的を一つにし、相互理解が進み、各々の役割がしっかり分担されて、皆が期待に応えようと頑張っている状態は、一見、良さそうに見えます。しかし、このようなコミュニティでは、互いに評価・チェックし合ったりするような関係になるために、だんだんと息苦しくなってくる、同調圧力がかかりやすい（同じような行動を求められやすい）、異なる意見を排除してしまいがちになるといった欠点も持っています。

米国の社会学者マーク・グラノヴェッター氏が発表した「弱い紐帯の強さ」という理論があります。価値ある情報は、自分の家族や親友、職場の仲間といったつながりが強い人々（強い紐帯）よりも、知り合いの知り合い、ちょっとした顔見知りなど、弱いつながり（弱い紐帯）からもたらされる可能性が高いと述べています。なぜそうなるかというと、つながりの強い身近な人からの情報は、自分もすでに知っている場合が多いからです。

この研究は、「就職先を見つけるときに役に立った情報は、誰からもたらされたか」

を調べたもので、よく会う親しい人からだったと回答したのは約16％であったのに対し、約84％は普段はあまり会わない知り合いからだったことが分かりました。また、そんな弱い紐帯から得た情報で就職した人のほうが、満足度が高いことも明らかになりました。

弱い紐帯とは？

いつも参加しているサークルの仲間、一緒にデイサービスに出かける友達、飲食店で待ち合わせして笑い合う気の置けない友人、長年の腐れ縁のような知り合い。そんな人たちとのつながりは強い紐帯といえます。一方、あいさつや立ち話程度の近所の付き合い、いつも参加するサークルでも顔は知っているがあまり話をしたことがない人、知り合いの知り合いで何度か軽い会話をしたくらいの関係。これが弱い紐帯です。

普通に考えると、前者だけがあればいいように思います。親しい友達がいればそれで十分じゃないかと。でもよく考えてみると、親しい友達になんでも話せるかというと、親しいからかえって言いにくいこともあります。また、親しい人が何でも知っているわけではないし、いつも役に立ってくれるわけでもありません。ある病気になって誰かに体験談やアドバイスを聞きたいとき、俳句をやってみようと思って句会を探すとき、その他色々と情報や相談相手が欲しいとき、強い紐帯は意外に期待はずれであったりします。

そんなときに助かるのは、弱い紐帯です。弱い紐帯の中から、該当する人が見つかったり欲しい情報がもたらされたりします。また、強い紐帯の人を通して、「あの人は実は……だったんだよ」「あの人の知り合いに～という人がいるみたい」といった情報がもたらされ、弱い紐帯の中から適切な人や場が見つかります。

防災や防犯でも、弱い紐帯は力を発揮します。「遠くの親戚より近くの他人」も、弱い紐帯と同じような意味です。「遠くのバラより近くのたんぽぽ」とか、「遠くの水では火は消せぬ（遠水近火を救わず）」といった言葉もありますが、いずれもいざというときは近くにいる人のほうが力になるという意味で、身近なつながりの大切さを表すことわざです。

ゆるいつながりをつくる努力を

近くに顔見知りがいれば、たとえ一人でいる時間が長くても孤独感は感じにくいものです。外に出ても誰とも会わず、会っても挨拶も交わさないような状態が続けば、一人だと孤独感や不安を感じるでしょう。同じように一人であっても、弱い紐帯を持つ人とそうでない人は違うはずです。だから、本来はごく基本的な行動ではありますが、挨拶や軽い会話は欠かさず、いつもご機嫌な顔で、皆で取り組むことにちょっとは協力して、困っている人がいたら声をかけてといった振る舞いがとても重要だと思います。

皆が同じように親しく、同じような距離感で付き合うようなことはあり得ません。相性の良い者同士でグループができたりするのも当然です。でも、親しくはない者同士でも右のようなごく普通の社会的な行動を続け、コミュニティ全体にゆるいつながりができている、強い紐帯と弱い紐帯が混ざっているような状態。これが、良質な高齢者コミュニティだと思います。

3．高齢者住宅を選んだ理由～お守り、私の代わり、プレゼント～

高齢者の家族形態は近年、大きく変化しました。内閣府の「高齢社会白書」（2021年）で1980年と2019年を比較してみると、高齢者のいる世帯のうち「三世代同居」は50・1％から9・4％まで激減した一方、高齢の単身世帯は10・7％から28・8％

と約2・7倍に、夫婦のみの世帯は16・2%から32・3%と倍増しています。約40年で、すっかり「高齢者が高齢者だけで住む時代」になったことが分かります。

ここ数年、高齢者住宅に住み替えた人や、住み替えの検討をする人の声をよく聞くようになりましたが、「長い高齢期を自分たちだけでどうやって暮らしていくのか」と考える人が増えているからだろうと思います（ちなみに本項では、分譲型と賃貸型を「高齢者住宅」とし、利用権方式をとっている老人ホームは、もっぱらサービスを施すために作られた「高齢者施設」とし、「高齢者住宅」とは区別しています）。

では、高齢者は高齢者住宅をどのように捉えているのか。私が、これまで伺った声から考えてみます。

「お守り」としての高齢者住宅

高齢になると、若い頃にはあまり気にならなかったことが不安や恐れに変わってきます。例えば、体調の急変や転倒事故、高齢者を狙う犯罪、災害時の行動などです。また、体力が必要なことや、こまごました作業などは面倒や煩わしさを覚えるようになってきます。今は何とかなっていても、それが将来的に耐えられないレベルになったり、日常的に助けが必要な状態になったりする可能性がありますから、そんなときでも安心な環境を手に入れようとするのは自然なことです。

高齢者住宅に引っ越した人はよく、「ここは〝お守り〟」とおっしゃいます。「具体的に何かあったわけではないし、今はそんなに困っていないが、ここに住んでおけばとりあえず安心」という意味です。お守りは、辞書によれば「身に付けていると、危難を逃れることができると信じられているもの」「災難を逃れるために、身に付けるもの」といった意味合いがありますが、高齢者住宅はまさに〝お守り〟の役割を果たしているようです。

「私の代わり」としての高齢者住宅

夫婦で暮らしていても、どちらかが先に亡くなります。そのため、高齢のご夫婦の話を聞くと必ず、「自分が一人になった場合」と「自分が先に死んだ場合」の両方を考えておられます。

高齢女性は、「自分が一人になった場合」をそう恐れてはいません。現役時代、ご主人は仕事漬けで大して家におらず、自分は家事や子育てに忙殺され、かといってろくに感謝もされず、「そもそも若い頃から一人暮らしみたいなものだった」と言う人もいるくらいなので、一人で暮らしていける強さが身に付いていています。だから、実際に女性の多くは、ご主人を亡くされた後、一時は大きな喪失や悲しみを味わうものの、時間が経てば一人暮らしを楽しめるようになっていきます。

しかしながら、心配事は〝身の回りのことができない〟ご主人。高齢者住宅にご夫婦で住み替えられた女性にその動機を尋ねると、「私が先に死んだときのため」とおっしゃいます。「自分が先に死んだら、身の回りのことができないこの人は困ってしまうだろう。高齢者住宅なら、食事を含めていろいろと助けてもらえるから安心だ」という意味です。その住まいは「もし私が先に死んだら、私の代わりに誰かに助けてもらってください」というご主人へのメッセージともいえます。

「プレゼント」としての高齢者住宅

高齢男性は、身の回りのことをしてきた経験に乏しいのが原因で、一人暮らしになることによって受けるダメージは、女性よりも大きくなります。

最近は高齢男性の中にも「掃除をしている」「料理ができる」「洗い物は全部している」

とおっしゃる人も増えましたが、詳しく聞けば、それは奥さまのお手伝いや暇つぶしのようなもので、「こまごまとしたことも含めて、家事全般ができますか」と問われれば、自信を持って「できる」と言う人はあまりいません。当然、一人暮らしになると不規則、不衛生をはじめとして生活が乱れ、心身の健康状態が低下してしまいます。

とはいっても、「家事ができないくらい、何が悪い？」と開き直っているわけではありません。むしろ、現役時代より長い時間、家にいる分、余計に家事負担をかけているのは重々分かっていて、それでも今さら家事に取り組む気にはならず、奥さまに対して申し訳なさや引け目を感じているようにも見えます。

高齢者住宅にご夫婦で住み替えられた男性にその動機を尋ねると、「罪滅ぼし」と言っておられました。「これまで散々、手を煩わせてしまった。だから、私が先に死んだら、妻には思うがままに楽しんで欲しい」という意味です。家のことを放っておいて悪かったという申し訳なさと、自分のために時間も手間もかけてくれたことへの感謝が入り交じったような気持ちなのでしょう。

高齢者住宅という、何の遠慮も気兼ねもなく楽しめる環境は、奥さまへの〝人生最後のプレゼント〟なのだと思います。

4. 住み慣れた場所を「つくる」という発想への転換を

「人生の最後は、住み慣れた場所で」という願いは、多くの高齢者に共通しています。加齢による体の不調はあるにせよ、いや、あるからこそストレスを感じない場所で、穏やかに暮らしたいと思うのは当然ですし、「リロケーション・ダメージ」（高齢になってから環境を変えることによって生じる心身の不調）と呼ばれる現象も昔から指摘されています。

高齢の親を案じる子どもが、自分たちとの同居や近居を勧めても、頑として今の自宅から動かないという話はよくありますが、これも、親御さんの中に環境を変えることへの不安があるからでしょう。

だからといって、「高齢者は長く暮らしてきた場所に住み続けるべきだ」と簡単に結論づけることはできません。環境も本人も変化していくからです。便利な暮らしに欠かせないスーパーや病院、金融機関の有無、周りに住んでいる人の数や年代、地域の人間関係の質・量など、環境は必ず変化していきます。

また、家の中の小さな段差や部屋の温度差、周囲の坂道や階段、利便施設への距離などは、若い頃はまったく気にならなかったとしても、年をとると危険や不便を感じるようになってきます。転居によるリロケーション・ダメージも危ないのですが、それ以上に「住み慣れた場所」のリスクがどんどん高まっていくということです。

そのような危険な要素がある「住み慣れた場所」で暮らしていて、自宅での事故や急病への対処が遅れたり、閉じこもり生活によって衰えが進んでしまったりした結果、老人介護施設などに入らざるを得ず、次にそこでの慣れない生活でリロケーション・ダメージを受けてしまう場合も少なくありません。ダメージをダブルで受けるようなもので、これが最も避けたいケースです。

「住み慣れた場所」は「住み心地がよい」わけではない

「住み慣れた場所」という言葉には、「最近まで住んでいた居住年数が長い所」といった意味合い以外に、「住み心地がよい」というニュアンスが含まれています。だから、「なぜ、わざわざ住み替えないといけないのか」という反論に使われるわけですが、長年、住んできたからといって、住み心地がいいとは限りません。住んでいる間に、その環境は不便や不安、危険を含むものに変化していきますし、近年では、防災や防犯も高齢者の心配事になっているからです。

高齢者にとって住み心地がよい場所の条件は、私が思うに、次の六つです。まず、①ハード（建物や設備）とソフト（人やサービス）の両面での安全・安心。②顔見知りが何人もおり、声掛け、あいさつ、立ち話、情報交換が日常的に行えること。③家の中も地域についてもよく分かっており、迷いや遠慮なく暮らせること。④生活に必要な物を調達する施設が近くにあること。⑤使い慣れた物や設備、思い出や懐かしさを感じる物に囲まれていること。そして、⑥趣味や運動などの活動の場が近くにあり、仲間もいて継続しやすいこと――。

昔は、「住み慣れた場所」にこれら六つの条件がそろっていたから、住み心地もよかったのでしょうが、今やそうではありません。住み慣れた場所の住み心地がよいというのは、もはや昔の話といえるでしょう。

高齢期の長さの問題も無視できません。「令和3年簡易生命表」によれば、65歳まで生きたら、その後平均的に男性で85歳、女性は90歳まで生きるという時代となりました。昔のような短い老後なら、不便でも長く住んできた場所で我慢して暮らすという選択肢もあり得ますが、平均で約20～25年という長い期間を考えれば、今まで住んできた場所の住み心地を見つめ直し、これからの高齢期に相応しい場所を改めて考えるべきでしょう。子が親に住み替えを勧めるケースが増えているのも、長い高齢期を見据えてのアドバイスなのだと思います。

早めの住み替えのススメ

もちろん、長い高齢期を視野に入れて住み替えを検討する人は増えていて、「いつ、住み替えるのがいいか?」という質問をよく頂くようになりました。

私は必ず「早いほうがいい」と答えます。理由は何よりも、事故や体調急変はいつ起こるか分からない(明日かもしれない)からですが、もう一つは、元気なうちのほうが環境変化に適応する力があるからです。

若い人と同じように、しばらくすれば「住めば都」となり、先述の6条件がそろっていれば、それまでの「住み慣れた場所」よりはるかに楽しく過ごせる人も多いでしょう。逆に、適応する力が衰えてから環境を変えると、なかなかなじめず、リロケーション・ダメージを受ける危険性が高くなってしまいます。

早めの住み替えは、「人生の最後は、住み慣れた場所で」という願いをかなえるための行動です。早く住み替えるほど、その環境に適応しやすいので、人生の最終盤を過ごせる住み慣れた場所をつくることができるからです。切羽詰まってから住み替えたのでは、住み慣れた場所にはなりません。

高齢者には今、これまで長く住んできた「住み慣れた場所」に固執するのではなく、これからの長い期間を考慮に入れて、「住み慣れた場所を〝つくる〟」という発想の転換が求められていると思います。

5. 本当に住みやすい「高齢者住宅の条件」

先日、あるシンクタンクから「高齢者向け分譲マンションの資産価値について意見が聞きたい」という依頼がありました。

高齢者向けの分譲マンションはまだ数が少ないために、評価の観点や基準も共通の認識がなく、相場といったものが形成されていません。所有者や検討者、不動産業者、金融機関によってその評価がバラついているのが実態なのでしょう。このような状態だと、例えば売却しようとする際に、思わぬ低い評価をされてしまう危険もあり、その価値に関する一定の合意形成は必要だと思います。

とはいえ、モノに対する評価は人によって大きく違います。骨董《こっとう》品などを見れば明らかなように、コレクターにとっては垂ぜん物であっても、それをガラクタにしか感じない人もいます。高齢者住宅の価値は、それを使う高齢者のニーズに連動するべきであって、ファミリーマンションと並べて評価するのはナンセンスというもの。若い人たちには価値があっても、高齢者にとってはどうでもよいことがありますし、その逆もあるからです。

ファミリーマンションは「駅からの近さ」「学区」「階数」「眺望」「日当たり」「広さ」「間取り」「設備・仕様の質」といった観点で評価されます。しかし、例えば高齢者には毎日の通勤や通学はありませんから、駅からの距離や学区の優先順位は低くなります。したがって「立地」の良しあしに関する評価は、若い人とはかなり違います。

また、若い人は広い家のほうがいいでしょうが、年をとると広さは面倒につながりますし、高齢者のみで住む世帯に四つも五つも部屋は必要ないでしょう。仕様や設備も、豪華さより、安全や分かりやすさが求められます。高齢者はコミュニティ（交流やつながりを通した安心、楽しみ）を重視する傾向にあるので、専有部より共用部、ハードよりもソフト（サービスやコンテンツ）が関心事となります。そもそも、若いファミリーには「自分の家が欲しい（所有したい）」というニーズがありますが、そもそも持ち家率が高く、断捨離しなければ（いろんなものを手放そう）と思い始める高齢者にはそのようなニーズはなくなってきます。

では、高齢者住宅をどう評価すべきでしょうか。

高齢者住宅は「ゼロ次予防」

郊外の一戸建てから都心のファミリーマンションやタワーマンションに住み替えた高齢者が、しばらくすると嫌になって高齢者住宅に引っ越すという例は少なくありません。健常高齢者向けの有料老人ホームについても同じような話を聞きます。現役時代の家に不便や不安を感じるようになって住み替えようとする人は増えていますが、どのような住まいがよいのかをしっかり考えることなく、タワーマンションなら「今より便利」とか有料老人ホームなら「今より安心」といった具合に簡単に考えてしまい、住み替えてからようやく高齢期の住まいにおける大切なこと（価値、評価基準）に気づかれたのではないかと思います。

私は、高齢者住宅を「ゼロ次予防」という視点で評価すべきと考えています。
「ゼロ次予防」について少し説明すると、予防には段階があり、「1次予防」は生活習慣をよく保つことや予防接種などを指し、「2次予防」は病気や不調を早期発見するための健康診断や人間ドッグの受診、「3次予防」は病気治療後の身体機能の悪化を防ぐためのリハビリや、再発防止のためのケアのことです。

これらに対し、「ゼロ次予防」は根本的な予防として世界保健機関(WHO)が提唱したもので、意識したり努力したりしなくても、健康につながる行動や習慣になるような環境に身を置くことです。高齢者住宅の観点でいえば、知らぬ間に病気やけがを避け、健康が維持できるような環境で暮らすことです。若い人たちと違い、病気やけがをすると元の状態に戻りにくい高齢者にとって重要な考え方であり、本人にも、高齢の親を案じる子にも非常に魅力的なことだろうと思います。

「ゼロ次予防」のさまざまな機能

家の周辺に、平たんで気持ちのいい道があれば、ウォーキングや散歩をしようという気が湧いてきます。スーパーがすぐ近くにあれば、食材を買いに行って、自分で料理を作って食べる習慣ができます。知人や友人が近くに住んでいれば、集まって会話をする機会も増えるでしょう。魅力あるコンテンツやイベントが共用部で行われれば、部屋に閉じこもることもなくなります。

コミュニティ運営者における介入や誘い、とりなしが上手に行われているかどうかも非常に重要です。高齢者の健康維持には、「運動・栄養（食事）・交流」の三つが重要であるとされますが、このような環境に住まうことで、頑張って取り組まなくても自然にこの三つが可能になり、気づいてみたらよい生活習慣が続いている――。これが「ゼロ次予防」であり、優れた高齢者住宅の条件といえます。

また、「家の中に段差や階段が少ない」「家の温度が安定している（熱中症やヒートショックの危険が少ない）」「体調急変時などの際、助けがすぐ呼べる」「手伝いを頼める人がいるので、危険な作業をしなくていい」といったことも、そこに住んでいるだけで、病気やけがを未然に防げるわけですから、「ゼロ次予防」といってよいでしょう。

このような条件がそろい、特に何も頑張ってはいないのだけれども何年か経過したときに、健康を維持しながら以前と同じように暮らせていることに気づく――。そんな「ゼロ次予防」の機能がしっかり組み込まれているかどうか。これが、高齢者住宅の真の価値であり、評価基準とすべきだろうと思います。

6. 優れた高齢者住宅に「自由」を感じる理由

私がインタビューやアンケートなどフィールドワークの場として、いつもお世話になっているシニア向け分譲マンションの「中楽坊」の入居者にずっと感じてきたのが、暮らしぶりの自由さです。このような自由は、どうして生まれるのか。中楽坊を思い浮かべながら書いてみたいと思います。

「自由」は、全体や他者への配慮ができる人にだけ許される

自由は、辞書を引くと「他からの束縛を受けず、自分の思うままにふるまえること」「自分の意のままに振る舞うことができること」とあります。とはいえ、多くの人が共有しているモノや場を自分の意のままに使ったりすることは許されません。法律やルール以前に、それが社会規範であり常識です。例えば、所有している土地なら何を建てても構わないというわけではなく、さまざまな規制を受けますが、それは公共の福祉、社

会全体の調和・発展という観点を無視した私権の行使は許されないと多くの人が考えるからです。

別の観点では、自由は自分にもあれば、他人にも同じようにあって、だから自分の自由な言動が他人の自由を阻んではならないという原則があります。皆がそれぞれの自由を主張して好き勝手なことをすれば全体が上手くいかなくなるからです。こう考えると、個人の自由というのは全体や他者に悪影響を及ぼさない範囲において認められるものであることが分かります。全体や他者への目配りや配慮ができる人だけに許されるのが、自由であるともいえるでしょう。

昔は、「人さまに迷惑をかけるようなことはするな」「世間に顔向けできないことはするな」といった言葉がありました。今や死語のようになっているのは、人間関係が希薄になり、〝人さま〟〝世間〟がイメージできにくくなったからかもしれません。何でも「個人の自由だ」と考えるおかしな人が増えましたが、それは目配りや配慮をするべき相手が具体的に見えなくなったので、自由の範囲が分からなくなり、自由が〝自分勝手〟へと変質してしまったということでしょう。

価値基準を変えないと「自由」は味わえない

国立歴史民俗博物館教授の関沢まゆみ氏は、著書『隠居と定年』（臨川書店、2003）の中で、定年後に楽しみや生きがいを見出している人たちを紹介し、次のように言っています。

「人それぞれ、仕事の喪失、健康の喪失、配偶者の喪失、など大切にしていたものを喪失した時に、それまでの自分自身とは切り離して新しい生き方を見出そうとする意欲があることがわかる。

これは、伝統的な村落社会の民俗において、家長としての地位の喪失、村落運営に直接携わる権利の喪失などによって、次に寺社を中心とする信仰的役割を担うようになっていく例とか、戦争未亡人たちが夫の戦死や、唯一の生きがいであった子どもの結婚によって母親としての自信を喪失する例、また老境における個人的な楽しみであった菊作りなどの趣味が手足の自由の喪失と共に、短歌作りなどできる範囲の新しいものへと変わっていく例などと共通している。

つまり、大切なものを喪失したその時が試練の時であり、逆に脱皮の可能性を有する時なのである。その時に、それまでの自分をいったん捨てて、新しい自分を切り開くならば、その後の新しい人生を豊かに生きていくことができるということを、多くの人々の例が教えてくれている。」

キーワードは「脱皮」。高齢期を最も不自由にするのは、現役時代そのままの価値観です。さまざまな喪失のときこそ、それまで持っていた価値観を捨て、高齢期に相応しい価値観で新しい人生を切り開くチャンス。例えば、地位や名誉やお金という評価基準でより上位に行けるように頑張ってきた人たちが、その基準を持ったまま高齢期を過ごせば、仕事や収入の減少・喪失には耐え難いでしょう。いつまでも、○○会社の部長だったと口にしている人が、地域コミュニティに受け入れられるはずはありません。

高齢期を迎え、自分が持っているものは何か(もう、持っていないものは何か)を冷静に見つめた上で、現役時代に大切にしてきたこと(今までの価値基準)から、今から大切にすべきこと(これからの価値基準)に切り替えることです。高齢期にはどうでもいいことに、きっぱりと別れを告げなければ、自由を味わうことはできません。

「自由」とは、日々、自分の意思で選択して暮らしていること

よく見ると、中楽坊の入居者の日常は、意思決定の連続です。起床・就寝時間は当然のこと、サークルに参加するか、どこに外出するか、誰とどのように過ごすか、食事の準備は自分でするか、何時に何を誰とレストランで食べるか、自宅の風呂にするか大浴場に行くか、などなど。現役で週に何度か働いている人もいれば、地域ボランティアに精を出す人もいるし、館内ロビーでおしゃべりを楽しむ人、仲間と一緒に外に出て運動やスポーツをする人。また、分譲マンションですから館内の共用部の使用ルールも皆で話し合って決めます。挙げればキリがありませんが、要するにライフスタイルのすべては、自分で、自分たちで決定しておられます。

郊外の一戸建てに住んでいて、スーパーやレストランが遠く、周囲にあまり人もいない環境は、実は自由ではありません。「自炊するしかない」「一人で過ごすしかない」からです。「選べない」という束縛を受けています。その意味では、老人介護施設はもちろん、老人ホームのほとんどは選択肢がない、あるいは限定されているという意味で、自由ではありません。自由がある、とは選択肢にあふれていること。自分の意思で暮らし方を決めている状態なのです。

中楽坊が一つの分かりやすい例ですが、優れた高齢者住宅には、自由があります。それは、右に挙げたように、入居者に「〝公〟への意識、全体や他者への配慮」があり、また「現役時代からの価値基準の切り替え」ができているからであり、その上で、「選択肢にあふれた、意思決定のある暮らし」をしているからです。そして、このように獲得・行使されている自由は、心身の健康に寄与していますし、そんな自由の中に、高齢者は尊厳を感じることができるはずです。

第7章

幸福な高齢期を生きるために

職員が入居者に「誕生日おめでとうございます」と声をかけるのを禁じている高齢者住宅や高齢者施設があるそうです。理由は、個人情報保護法違反に当たる可能性があるからとのこと。確かに法律は、業務の目的の範囲を超えて個人情報を使用することを禁じていますが、高齢者の暮らす場で働くスタッフの業務の目的は、心身共に健やかな高齢期を送ってもらうことであり、誕生日の声掛けはもちろん、個別のさまざまな情報をもとに人と人をつないだり、相応しい場にお誘いしたり、機会の提供や紹介をしていったりするような働きかけは欠かせません。

社会的フレイル（交流や関係を失っていくこと）が、身体的あるいは精神的（認知機能を含む）なフレイルを引き起こすことは高齢者ケアの分野では常識です。もしそれを知っていてそんなことをしているのであれば、それは怠慢であり、一人暮らしのお年寄りに、誕生日という節目に誰にも気づかれず、声もかけられない孤独を味わわせたいのかとさえ思ってしまいます。

「誕生日おめでとうございます」を禁じるようなところでは、例えば「同じ趣味の人がいたら紹介して」「こんな相談に乗ってくれる専門家が入居者の中にいたら教えて欲しい」「仲間のお見舞いに行きたいので入院した病院を教えて」といった要望があっても、すべて「個人情報です」と言って断ってしまうのでしょう。そうして交流が生まれず、関係が薄くなり、貧弱なコミュニティとなって、それがじわじわと心身の衰えへとつながっていきます。また、寂しい場で暮らすストレスが職員への難しい要望やクレームへと変わり、職員はそれらの対応に追われ続けることになっていくでしょう。

高齢者を助けるコミュニティの力

地震や豪雨などの災害があった場合に、高齢者が効果的な行動をとれるかどうかは日ごろのつながりやコミュニティの質に大きく左右されます。誰がどこに住んでいるか、どんな状態の人かを互いに知っていれば助け合いが可能ですが、そうでなければ放置されたり、助けが遅れたりという事態になりかねません。事故や体調の急変の際も同様で、気づいてもらえる、すぐに知らせて助けが得られる環境かどうかが重要になります。

こんなケースがありました。

ある高齢者住宅のレストランで、予約をしているのに来ない人がいた。予約をしているのに来なかったということがない人なので、一緒に食事をとる予定だった入居者たちが「これはおかしい。持病があるし……」という話になり、職員に連絡してその人の部屋まで一緒に見に行った。マスターキーでドアを開けると室内で倒れており、すぐに救急搬送。一命をとりとめ、処置も早かったので後遺症も残らなかった。

この一件は、人命救護で知事表彰を受けていますが、コミュニティの大切さがとてもよく分かる事例です。分断された個人の集まりでは、こういう結果にはなりません。どんな人かが分かっている者同士が、日常的にお付き合いしていることで救われる命があり、オープンな関係が築かれているコミュニティが安全や安心を作っているということです。

最近は、見守りセンサーや緊急コールといったものもありますが、当然、これらには限界があります。見守りセンサーは基本的に、24時間電源のON／OFFが押されない、温度や照度に異常がある、一定時間を超えて動きが感知されない、といった場合に作動するものですから、上で紹介した一刻を争うようなケースだと亡くなってしまうかもしれません。緊急コールも、当人がボタンを押すことができなければ意味がありません（実際、上のケースでは家の中に2か所、緊急コールボタンが設置されていました）。

このように、災害時や急病などの緊急対応といった安全面でもコミュニティの力は非常に重要です。個人情報保護に過敏に反応し、個人情報を隠して人間関係を分断していくような対応は、高齢者の安全上も、問題が大きいと言わざるを得ません。

個人情報を提供するメリットと提供しないデメリット

個人情報保護法の第一条（目的）には、こうあります。

「……個人情報の適正かつ効果的な活用が新たな産業の創出並びに活力ある経済社会及び豊かな国民生活の実現に資するものであることその他の個人情報の有用性に配慮しつつ、個人の権利利益を保護することを目的とする。」

注意すべきは、個人情報はそれが適正・効果的に活用されれば、活力ある社会、豊かな生活の実現に資する有用なものであると書かれていることです。個人情報を提供して得られるメリットもあり、個人情報を隠すことによるデメリットもあると理解ができます。高齢者についていえば、個人情報を適切に活用してくれる事業者であることが前提とはなりますが、自分の情報を提供すればするほど、さまざまな機会が提供されて楽しみができ、安全性も高まるというメリットがあり、一方、隠せば隠すほど孤独や危険のリスクが高まります。

個人情報の悪用や漏洩といった事件の報道がたびたびなされており、情報提供や取り扱いに過敏になるのは分かりますが、高齢者自身は「個人情報を提供するメリット」を、行政や高齢者を対象とした事業者は「隠すデメリット」を、改めて考えてみていただきたいと思います。

2．幸福感が向上していく高齢者の共通点

私たち「老いの工学研究所」で幸福感の調査（2013年）をしたことがあります。70歳を超えて幸福感が80点以上（80〜100点）と回答した人に、自身の40歳代からを振り返って自身の当時の幸福感を採点してもらうと、40歳代の50点台から年代が上がるたびに順調に幸福感が高まってきていました。一方、70歳超で幸福感が80点未満だった人（0〜70点）に、過去を振り返って幸福感を採点してもらうと、40歳代の50点台は同じなのですが、そこから幸福感はほとんど上昇していかない（下がっていく人も多い）という結果になりました。高齢期に幸福を感じている人が若い頃からずっと幸福を感じ

ていたわけではなく、高齢期に幸福感が低い人が若い頃からずっと幸福感が低かったわけではない。高齢期の幸福感が高い人は、年とともに幸福感が高まっている人たちなのです。

この結果を見ると、高齢期に幸福な人は、老いていく自分を受け入れて年相応の思考ができる人であり、幸福でない人はいつまでも老いに抗い、老いていく自分を受け入れることができないのだろうと私は考えました。思考を切り替えられるかどうか。老いを受け入れた上で、老いることによる良い点に焦点を当てて考えられる人と、老いて失っていくものを嘆くばかりの人との違いです。

幸福感が高そうな人は総じて、物事の捉え方が上手です。目の前にある場や環境と前向きに関わろうとし、難しいことはできる範囲で取り組み、他者に寛容で調和的で、いつも穏やかな表情と姿勢を見せてくれるのは、昔を引きずらず、他人と自分を比べることもなく、すべてを受け入れ、年をとらないと分からない、老いのメリットを感じようとする姿勢を持っておられるからだと思います。

ハゲと老い

物事の捉え方次第ということについて、ちょっと私の話を聞いていただきます。

私はまだ59歳なので、老いを実感することはないのですが、頭の上のほうが薄くなり、最近は前からも上がってきて、額が大きくなってきました。簡単にいうと、ハゲているわけですが、多くの人は、特に最初の頃はこの現象に悩みます。でもよく考えると、ハゲているのにもメリットがあります。

まず、髪型について検討は不要です（検討しても構いませんが、意味はありません）。散髪もどこに行こうが結果は同じなので、どの店に行こうか、誰に切って欲しいか、都合のよい日時に空いているかといったことに悩む必要はなくなります。また、洗髪が本当に楽になります。あっという間に洗えますし、あっという間に乾きますからドライヤーを使うような面倒は要りません（頭皮に直接あたるので熱くて使えません）。すっかり楽になり、もはや髪の毛があった自分には戻りたくなくなります。

頭髪が薄くなってきた当初は、高価な育毛剤を使ったり、人から効果があると教えられた果汁の擦り込みをしたりと、薄毛に抗っていましたが、このようなメリットを実感している今ではまったく気にならなくなり、医療業界が「ＡＧＡ」などといって薄毛を病気扱いしているのも、不思議な感じがします。

年をとったらいろいろと変化するのは当たり前。それは加齢現象であって病気ではないので、受け入れて上手に付き合うしかありませんし、何事も悪いことがあればいいこともあって、良い点に目を向ける姿勢を忘れてはいけないと思います。

誰しも老いてくると仕事や肩書き・収入、人間関係、役割や居場所、体力などさまざまな喪失を経験します。持っていたものを失い、できていたことができなくなってきます。重要なのは、これらの喪失をどう捉えるかです。面倒や悩みが生じるのは「持っている」からであり、「できることがある」からです。持っておらず、できなければそれを積極的に諦めて受け入れればよく、そうすることで面倒や悩みから解放されるわけです。大事なのは、現実をどう認識するかだと思います。

リフレーミングの技を磨こう

物事の捉え方ひとつで変わるのなら、そう難しいことではありません。訓練すればできるようになります。ストレスと上手に付き合う方法の一つとしても知られる、リフレーミング（re-framing）という技を紹介します。

写真を撮るとき、カメラを構えてファインダーを覗くと撮影する対象が見えます。そのまま撮影すると良くないと思ったら構図や角度を変えますが、これがリフレーミング(re-framing)で、枠組み(フレーム)を変えてみる、捉え直してみるという意味です。私たちの思考も同じで、最初の物事の捉え方が良くなければ、それを変えてみることが大切です。人は往々にして最初は悲観的、否定的に考えますが、それをそのままにしておくと私たちの心の中はいつも後ろ向きなままに終わってしまいます。そんなとき、前向きになるような構え直しをしてみましょう。

私も人前で話をする際、毎回のように「緊張するなー。笑ってくれなかったらどうしよー。嫌やなー」などと思うのですが、いつも数分前に「これだけの人が来てくれたのは、ほんと感謝やな。せっかく来てくれたんだから楽しんでもらおう。元気にしゃべれば、元気になって帰ってもらえる。みんないい人だから、面白くなくても笑ってくれるよ」といった言葉を自分に投げかけてから登壇しています。これが、ネガティブになっている自分をポジティブにするリフレーミングの技です。

いつもこれをやっていると、この項の最初で見ていただいたように、ハゲだってポジティブに捉えられるようになります。良くないと思っていたことが、そうでもないと考えられるようになってきます。癖にすればポジティブな思考をする人になって、その結果として幸福感が高まります。最初はリフレーミングが難しくても、ポジティブな人と過ごす時間を増やせば、だんだんとできるようになってきます。そして、ポジティブな人の周りにはポジティブな人が集まってきて相乗効果を生み、楽しい場が継続し、大きくなっていきます。幸せな高齢期はこうして実現します。

3. 時代についていく必要なんか、ない

お年寄りは、「もう時代についていけないわー」といったようなことをよくおっしゃいます。それは、ニュースを見たり若者たちの振る舞いを見たりして自分たちの現役時代とは何か根本的に違うような感じを覚えられることが多いからでしょう。あるいは、スマホを始めとする機器の操作などがとても難しいといったこともあるかと思います。

そんな言葉を聞くと私はいつも、「時代についていく必要なんかありませんよ」と申し上げます。なぜなら世の中はほとんど進歩していないし、良くなっていないからです。

昔に比べて人は幸福になっていっているか、社会は平穏で世界は平和になっていってい

るかと考えてみれば簡単なことで、何の進歩もしていない世の中の流れについていく必要など、いっさいありません。どんどんおかしなことになっていると感じている人が多いでしょうから、おかしいと言えばいいだけで、ついていって、そのおかしさに加担するようなことはやめたほうがいい。

そもそも、「時代とともに世の中は進歩していく」というのは、若い人が抱きがちな勘違いです。あるいは、歴史のない国が抱く幻想です。いずれも経験不足なので（振り返って比較できないので）、良かった時がないので）、そう思うしかありませんし、何もないところからのスタートなので（良かった時がないので）、「時代とともに世の中は進歩していく」という実感を持ってしまうだけのことです。日本は戦後ずっと経済成長を遂げてきましたから、進歩してきたように感じてしまいがちですが、今になって思えば一概にそうともいえないことは多くの人が実感しているはずです。

また、社会全体とは別に、個人としての人の本質は太古の昔から同じです。人が抱く悩みや苦しみ、喜びや感動は、大昔から今に至るまで何も変わっていません。だからこそ古典に学べることは多いし、古い書物の言葉がいまだに心に響くし、日常のさまざまな場面で昔の人は偉かったと感じ入ることが多いわけです。

進歩は問題も生み出す

科学が進歩したように見えますが、新しいことが分かれば、同じくらい分からないことが増えるものです。「○○が分かりました」と報道されると分からないことが減ったように聞こえますが、それによって余計に分からないことが増える場合もあれば、分かっていないことの量に比べれば微々たるものというのが普通です。もちろん、一つ一つは尊敬すべき成果なのですが、原理的に「分かる」というのはそういうものです。

科学の応用としての技術も同じです。医学が進歩してさまざまな病気が治療できるようになりましたが、それで幸せになった人もいれば、特に、高齢者医療においてはそうでない人もいます。昔より、はるかに医療の知識も技術も身につけているのに、医師への敬意は低下しています。IT機器が普及して便利になっても、便利になったのと同じくらいさまざまな問題が噴出しています。今後も、医療でもIT分野でもその他の技術分野でも大きな進歩があるでしょうが、同じくらい解決すべき難しい問題が生じてくるでしょう。

考えてみれば、政治や経済や社会はそもそも進歩か劣化か分からない混沌とした状況がずっと大昔から続いていて、後世にならないと現代のそれらの評価は分からないもののであり、技術は進歩しているけれども、それは便利にもなるし経済的にも前向きのインパクトをもたらすけれども、その悪影響も無視できないし、技術進歩とどう折り合っていくのかは常に難しい問題があるのも間違いありません。そんな複雑な時代の移り変わりに、高齢者がまともについていこうとする必要があるのかどうかは、はなはだ疑問であると私は思っています。スマホを捨てましょうとは言っていません。便利なことをちょこっとやるくらいでいい。孫と映像電話でしゃべったり、自分のスポーツの試合やフォームを動画でとってみたり、連絡をＬＩＮＥを使ってやってみたり、そんなので十分だということです。

ついていくより、思い出して再現する

私たちが生きている世の中は、昔と比べていっこうに進歩していないのであると考えてみればどうでしょうか（そう思っている人は、恐らくとても多いでしょうが）。江戸時代の人々がいかに幸福だったかを実証的に記述した本がたくさんあります。それらを読めば、学校時代に否定的に習った鎖国や身分制度や税制なども、全体の幸福感という観点からは決してあなどれない賢明な政策であったという面も見えてきます。『アラブ

に自殺、イジメ、老後不安はない』（ハムダなおこ著、国書刊行会、２０２１）というイスラム諸国に関して詳しく書かれた本からも、現代の私たちとは異なる価値観で生きることによる幸福を学ぶことができます。

高齢者に対して、個人として昔と今はどちらが幸福ですかと聞けば、「今のほうが幸せ」とおっしゃる方が多くいますが、一方で、社会全体として昔（戦争前後の時期を除き）と今はどちらが幸福感が高いかと尋ねれば、圧倒的に「昔のほうが幸せ」という回答になるでしょう。それは、こういうことです。昔の自分は貧しかったし、苦労や辛抱をしてきたから、それに比べると今は幸福。でも、その頃の世の中は、なぜだか皆がイキイキと楽しく暮らしていて、比べてみれば今よりも幸せそうだった。

昔と比べていっこうに進歩していない時代に、ついていく必要はありません。それよりも、楽しかった昔のように暮らせばいい。笑顔をたたえていた昔の年寄りのように暮らし、人と交わり、年寄りならではの力を発揮することを考えればいいと思います。昔は、こんなふうに暮らしていたから、幸福に暮らせたんだというのを思い出し、体現すればよいのではないでしょうか。そんな姿を見せることは、次世代へ勇気を与え、若い世代への貢献にもなるはずです。

4．江戸時代の〝老入れ〟に学ぶ

江戸後期の平均寿命は30歳代の後半でした。非常に短く感じますが、皆がその年齢くらいで死んでいたわけではありません。平均寿命が短かったのは、乳幼児の死亡率が高かったからです。立命館大学の長澤克重教授の論文「19世紀初期の庶民の生命表――狐禅寺村の人口・民政資料による」（２００６）によれば、19世紀初期（１８００年代の初め）において20歳の人の平均余命は男性が42・8年、女性は40・5年ですから、20歳まで生きれば平均的には60歳を超えて生きていました。また、当時の60歳の平均余命は男性が14・3歳、女性は13・3歳となっていて、令和3年の男性が24・0年、女性が29・3年ですから、２００年くらいが経過して男性で10年くらい、女性では16年くらいしか延びていないことが分かります。

要するに、平均寿命が延びたのは、昔は若くして（乳幼児の段階を含めて）死ぬ人が多かったけれども、今はそれがすごく減ったからです（ある程度生きたら、昔もけっこう長く生きていたということ）。それは、医療の進歩というよりも衛生状態の改善（病気になりにくい）や栄養状態が良くなった（食料事情）ことが大きいのですが、いずれにしても、昔は、老いというものは、若くして命を落とさずに生きてこられた人だけが獲得できたもので、今のようにだいたい皆が順調に老いていくというわけではなかったという点が重要です。

なぜかというと、それによって死生観や人生観がかなり変わるはずだからです。昔のお年寄りには、知り合いは命を落としたのに自分は幸運にも永らえているという有難みがあったでしょう。何か大きな力に生かされているという実感もあったかもしれません。若くして死んだ人たちの代わりに、自分は一生懸命に生きねばならない、世のため人のために死んだ人の分も尽くさねばならないという気持ちにもなったでしょう。このような気持ちは、今のほとんどのお年寄りには希薄なのではないでしょうか。

〝生きがい〟が要る時代

今の「老後」と同じような意味で、江戸時代に「老入れ」（おいいれ、おいれ）という言葉があったようです。老後や余生というと、残された時間、おまけのような余った期間といったニュアンスがありますが、それとは違って、〝老入れ〟には新しいステージのスタート、老境という成熟期間にこれから入っていくような前向きな印象を受けます。これはやはり、亡くなった多くの同世代に対する想いを背景として、老いを、誰もが得られるものではない貴重な期間であると感じていたからではないかと思います。

老入れをしたあと、年寄りには、知恵袋として調整役として伝承役として出番や役割があり、その存在感は落語に出てくるご隠居さんが信頼や敬愛を受けている様子（落語ですから面白おかしく描写されがちですが）からもよく伝わってきます。そんな役割に加えて、寿命の短い時代においては、生きていることそのものが、本人の生きがいに、周囲からの敬意となっていた面もあると思います。

これに比べれば、現代の高齢者はとても厳しい環境にあります。少子化の影響もあって、高齢者の割合は3割近くにもなれば有難い（珍しい）存在ではありませんし、地域コミュニティが崩れて役割や居場所が減っていき、インターネットで検索したり専門サービスに頼んだりすれば知識や知恵もすぐに分かってしまうようになりました。昔のように、何もしなくても居場所や役割があり、信頼や敬意を受けながら生きがいを感じて暮らせるような環境ではなくなっています。江戸期にも「楽隠居、楽に苦しむ」という言葉があったようで、江戸期のお年寄りも何もすることがない隠居は意外に苦しかったというのですから、現代はもっと苦しい。生きている意味や生きる楽しさや目的は、自分で作らなければならないような状況に直面しているといってもいいでしょう。

上手な〝老入れ〟を実現した人がやったこと

〝老入れ〟というのは、現役時代のライフスタイルや価値観を切り替えるということです。暮らす環境や役割や居場所や時間帯や社会とのかかわり方は、定年退職（職場の喪失や収入の減少など）で、女性も自身や配偶者の定年や子どもの独立などで劇的に変わります。環境が変わるのに、生き方を変えないからギャップができて苦しくなっていきます。

そんな環境変化に上手に対応している人の多くは、人間関係の作り直しに成功しているように私は見ています。心地よい居場所や気の置けない仲間の発見、旧知の仲間や活動との関係やその関わり方の見直しを含めた、現役時代とは異なった高齢期にちょうどよい人間関係の構築に成功した人たちです。

「卒婚」はその典型でしょう。離婚するのではない。しかし、外で懸命に働く主人を気遣って朝から晩まで尽くすような関係は解消し、それぞれの意思を尊重してそれぞれがやりたいことを自由にやれるように、時間的な拘束をなくして暮らす。昔ながらの亭主関白的な夫婦関係から、新しい夫婦関係に変えることです。卒婚したというご夫婦を何組も知っていますが、単に、奥さまが食事などの世話が減って楽になったのではなく、それぞれが日中に別の居場所を持って楽しんでいるので、夕方に帰ってきて報告するネタが豊富で、話が盛り上がるといいます。失礼ながら、以前より仲良くなったんだろうという感じが、その笑顔から伝わってきます。

もちろん、変える必要がない関係はありますが、夫婦、子ども、親戚、仕事、学校、地域、趣味の仲間、友人・知人など、さまざまな人間関係を高齢期に適した状態に構築し直す（足りない関係は作る努力をする）のは、「楽隠居、楽に苦しむ」とならないように、また現代の高齢者が置かれた楽しみづくりや生きがいづくりの難しさへの対策として、とても大切なポイントであるように思います。

おわりに　～高齢期という「新しいステージ」をどう生きるか～

ヘルマン・ヘッセは、『老年の価値』（岡田朝雄訳／朝日出版社、２００８）でこう言っています。

「ここ、この老人の庭には、昔ならその世話をすることなど考えもしなかったたくさんの草花が咲いている。そこには忍耐の花というひとつの高貴な草花が咲く。私たちは次第に沈着になり、温和になる。そして介入と行動への欲望が少なくなればなるほど、自然の生命や同胞の生命に関心をもって眺め入り、耳を傾け、それらが私たちのかたわらを通りすぎるとき批判することなく、その多様性にいつも新たな驚きをもって、時には同情と静かな哀れみの気持で、時には笑いと明るい喜びをもって、ユーモアの心をもってながめる能力がますます大きくなってくるのである。」

年をとったら身体が衰える一方で、高まっていく能力があります。忍耐を覚え、冷静かつ温和になって、欲望を抑えられるようになります。豊かな感性をもって他者に共感し、さまざまな出来事を明るく、笑みをたたえながら眺められるようになります。年をとっても成長、成熟していく。

この本で一貫して述べられているのは、高齢期は若かった頃とはまったく違う段階であり、新しい考え方や知恵や感じ方を獲得できるということです。まさに、「老年の価値」といえるでしょう。ヘッセは、高齢期とは人格の完成に向かっていく新しい段階だとメッセージしてくれています。

「年をとるということは、たしかに体力が衰えてゆくことであり、生気を失ってゆくことですけれど、それだけではなく生涯のそれぞれの段階がそうであるように、その固有の価値を、その固有の魅力を、その固有の知恵を、その固有の悲しみをもちます。」

この言葉に従えば、私たちはこれまでの人生の各段階（幼少期、10歳代、20歳代……50歳代）で、どんな価値あるものを得て、知恵を身につけ、どんな悲しみに出会ったか、そして各年代はどのような魅力があったのかを振り返り、そうして高齢期という新しい段階がそれらとどう異なるかを考え、感じるべきなのだと思います。そのような区切りをつけて、新しい段階に臨んでいくべきなのでしょう。

「老年は青年に劣るものではありません。老子は釈迦に劣るものではありません。青は赤より悪くはありません。老年が青春を演じようとするときにのみ、老年は卑しいものとなるのです。」

高齢期を若い頃の単なる延長として捉えたままならば、ただ青春を演じようとしているに過ぎず、それは実は、みっともない、もったいないことだという忠告でしょう。若々しさを誇るより年の功を発揮するほうがいい、若者をうらやましがっている場合ではない、人生の段階を踏んできた人間として振る舞おうというアドバイスです。幸福感も、高齢期ならではの楽しみや喜びを実感している人と、若者と競っている人（勝てるはずがない……）とではかなり異なるに違いありません。

「五十歳と八十歳のあいだに私たちはたくさんのすばらしいことを、それ以前の何十年間に体験したとほとんど同じくらいたくさんのことを体験できます。」

ヘッセは50歳から85歳で没するまで、多くの素晴らしい体験をしたのでしょう。もちろんその体験を素晴らしいものにしたのは、高まっていく能力や成熟していく感性であって、単なる出来事の多さではないはずです。現代は幸い、ヘッセと同じくらいの長い高齢期が得られるようになりました。新しい段階であるという自覚を持ち、成熟し続ける感性に自信を持って、素晴らしい体験があふれる期間にしたいものです。衰えていく部分ではなく、高まる能力に焦点を当てることによって、高齢期を幸福なステージにしていかなければなりません。

それは考え方ひとつ、頭の切り替え方ひとつであって、大変な努力を要するような難しいことではないはずです。ヘッセは「しがみつくことで強くなれると考える者もいる。しかし時には手放すことで強くなれるのだ」とも言っています。若さ、過去の業績や名誉、現役時代の価値観、今となっては価値のないモノなどをいつまでも持ち、それらを誇ることではなく、適宜、それらを捨て去っていくことで高齢者として強く前向きな気持ちになって、高齢期をより良いものにしていけるはずです。心の持ちようなのだと思います。

そろそろ紙幅が尽きてきました。最後に、日ごろ私の研究活動にご協力いただいている方々、フィールドワークの場として温かく見守ってくださる「中楽坊」の入居者の方々に深く感謝し、終わりにします。ここまでお読みいただいた読者の皆様が、ヘッセに負けず劣らずの素晴らしい高齢期を創られることを祈って。

二〇二三年　夕方のビールを考えると喉が渇いていたほうがいいが、
熱中症防止のためには水をたっぷり飲まねばならない、真夏の暑い日に

川口雅裕

本書は、オトナンサー（https://otonanswer.jp/）に寄稿した記事を大幅に加筆修正し、書き下ろしを加え、まとめたものです。

【著者】
川口雅裕《かわぐちまさひろ》

NPO 法人「老いの工学研究所」理事長（高齢社会の研究者）、一般社団法人「人と組織の活性化研究会」理事（組織人事研究者）、コラムニスト

1964 年生まれ。京都大学教育学部卒。株式会社リクルートコスモス（現コスモスイニシア）で、組織人事および広報を担当。退社後、組織人事コンサルタントを経て、2010 年より高齢社会に関する研究活動を開始。約 1 万 9 千名に上る会員を持つ「老いの工学研究所」でアンケート調査やインタビューなどのフィールドワークを実施。高齢期の暮らしに関する講演のほか、さまざまなメディアで連載・寄稿を行っている。
著書に、『年寄りは集まって住め～幸福長寿の新・方程式』（幻冬舎）、『だから社員が育たない』（労働調査会）、『速習！看護管理者のためのフレームワーク思考 53』（メディカ出版）などがある。

なが生《い》きしたけりゃ
居場所《いばしょ》が9割《わり》

2023年11月20日　初版第1刷

著　者　川口雅裕
発行人　松崎義行
発　行　みらいパブリッシング
〒166-0003 東京都杉並区高円寺南4-26-12 福丸ビル6F
TEL 03-5913-8611　FAX 03-5913-8011
https://miraipub.jp　MAIL info@miraipub.jp
編　集　池内邦子
イラスト　國本りか
ブックデザイン　洪十六
発　売　星雲社（共同出版社・流通責任出版社）
〒112-0005 東京都文京区水道1-3-30
TEL 03-3868-3275　FAX 03-3868-6588
印刷・製本　株式会社上野印刷所

©Masahiro Kawaguchi 2023 Printed in Japan
ISBN978-4-434-32935-7 C0030